AF377772

APERÇU STATISTIQUE

DE

L'EXPOSITION

DE LIMOGES

EN 1855

PAR

L.-W. RAVENÈZ,

Ex-Rédacteur en chef du JOURNAL DU HAUT-RHIN. — Ancien Membre de la Société Industrielle de Mulhouse. — Membre de la Société Archéologique et Historique du Limousin. — Décoré de la médaille d'or des sciences et des arts du grand-duc de Baden, etc., etc.

LIMOGES,

ARDILLIER, LIBRAIRE-ÉDITEUR, PLACE DES BANCS, 14.

Mai 1855.

EXPOSITION DE LIMOGES.

Imprimerie Ardillier fils, rue du Consulat, 19.

APERÇU STATISTIQUE

DE

L'EXPOSITION

DE LIMOGES

EN 1855

PAR

L.-W. RAVENÈZ,

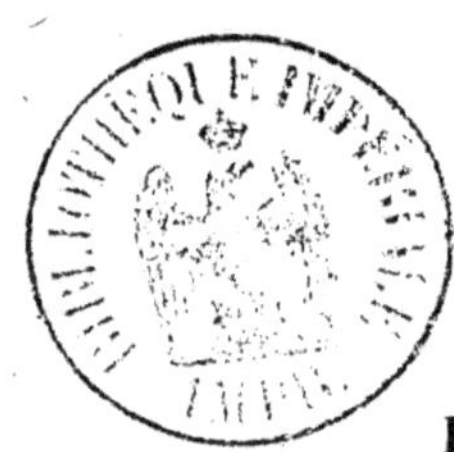

Ex-Rédacteur en chef du JOURNAL DU HAUT-RHIN. — Ancien Membre de la Société
Industrielle de Mulhouse. — Membre de la Société Archéologique
et Historique du Limousin. — Décoré de la médaille d'or des
sciences et des arts du grand-duc de Baden, etc., etc.

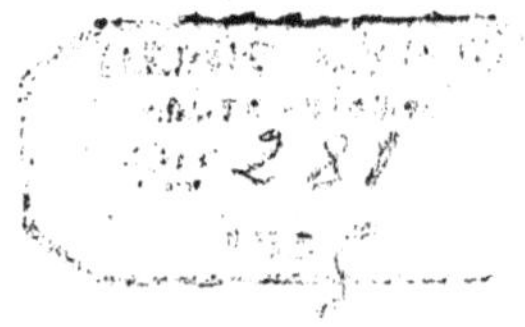

LIMOGES,

ARDILLIER, LIBRAIRE-ÉDITEUR, PLACE DES BANCS. 19.

Mai 1855.

A MONSIEUR LE COMTE

ARTHUR DE LA GUÉRONNIÈRE,

CONSEILLER D'ÉTAT,

PRÉSIDENT DU CONSEIL GÉNÉRAL DE LA HAUTE-VIENNE,

Membre de la Légion-d'Honneur.

HOMMAGE RESPECTUEUX

DE L'AUTEUR.

L.-W. RAVENÈZ.

AVANT-PROPOS.

On espérait généralement que, dans la seconde quinzaine du mois d'avril, et avant l'ouverture du palais de l'Industrie, il y aurait à Limoges une exposition préparatoire des produits du département de la Haute-Vienne. Cette nouvelle, qui avait été si favorablement accueillie, ne s'est pas confirmée. Chaque fabricant expédie directement à Paris les pièces qu'il soumet à l'appréciation du jury, et nos concitoyens n'ont pu constater par eux-mêmes les progrès qu'a faits notre industrie depuis la dernière Exposition.

De quelque part que vienne cette détermination, elle est très regrettable. A Limoges, une exposition préparatoire avait une valeur particulière. Le département de la Haute-Vienne n'a ni voies navigables, ni routes faciles ; le chemin de fer qui doit le relier à Paris s'arrête à ses limites ; il n'a avec l'Océan et la Méditerranée que des communications indirectes. A la vue des produits créés par nos fabricants, on aurait compris les difficultés qu'ils ont eu à surmonter pour créer leur industrie, pour vaincre la concurrence que leur font des provinces mieux dotées ; on se serait demandé ce qu'ils feraient s'ils avaient des débouchés directs sur tous les entrepôts, et si des canaux, des chemins de fer leur apportaient à bon marché les matières qui leur sont indispensables.

A Paris, il sera impossible d'obtenir cet avantage ; on n'y verra plus l'exposition limousine dans son ensemble ; chaque branche de son industrie y sera classée avec les produits similaires des autres contrées de la France, et l'on ne pourra plus dès lors se rendre compte, même imparfaitement, de l'impulsion qui, depuis quelques années surtout, est imprimée au mouvement commercial de la Haute-Vienne.

Ce progrès est réel, et il importe qu'il soit constaté. Nous espérions que des hommes plus compétents que nous ne le sommes consentiraient à accomplir cette tâche. Personne ne s'est présenté, et, malgré notre insuffisance, nous nous sommes déterminé à l'entreprendre. Notre travail sera évidemment incomplet, il s'y glissera sans doute des erreurs d'appréciation ; mais nous espérons que nos lecteurs voudront bien nous tenir compte des difficultés que nous avons eu à rassembler les documents statistiques sur lesquels nous nous sommes appuyés, et apprécier le sentiment de patriotisme qui nous a soutenu dans ce labeur. Quelque imparfaite que soit du reste notre œuvre, elle suffira, nous l'espérons, pour démontrer que le département de la Haute-Vienne peut, sans témérité, revendiquer une place honorable dans les assises solennelles qui vont s'ouvrir.

CHAPITRE PREMIER.

LA PORCELAINE.

I. — APERÇU HISTORIQUE ET STATISTIQUE DE CETTE FABRICATION.

On appelle porcelaine une poterie caractérisée par une *pâte fine, dure, translucide,* et une *glaçure dure, terreuse, nommée couverte.* La pâte est essentiellement composée de deux éléments principaux : l'un, argileux, infusible, le *kaolin ;* l'autre, aride, fusible, le

2

feldspath. La glaçure consiste en feldspath quarzeux, tantôt seul, tantôt mêlé avec du gypse, mais toujours sans plomb ni étain.

La fabrication de la porcelaine est originaire de la Chine. Quelques auteurs prétendent qu'on l'y connaissait l'an 2600 avant J.-C. Mais il est certain qu'en 163 avant J.-C., sous la dynastie des *Han*, elle était assez fréquemment employée. Cependant, ce ne fut qu'en 1508 que les Portugais l'introduisirent en Europe. Au commencement du xviiie siècle (1695-1700), on commença à fabriquer de la porcelaine tendre à Sèvres et à Moscou ; mais cette poterie n'avait que les qualités extérieures de la porcelaine de Chine ; la pâte, privée de kaolin, contenait un principe qui lui donnait assez de fusibilité à une haute température, pour qu'elle pût prendre, en approchant de cette température, une translucidité approchant de celle d'une matière vitreuse ; mais elle n'avait ni la solidité, ni la dureté de la pâte et de l'émail de nos porcelaines actuelles. C'est ce qu'on nomme le vieux Sèvres, aujourd'hui si recherché des amateurs.

En 1706, deux Allemands, Bottger et Tschirnhausen, découvrirent le kaolin en Saxe, et, grâce à leurs travaux, l'Autriche, Francfort, le Palatinat, le Danemarck, la Bavière, la Prusse, furent successivement dotées de fabriques de porcelaine.

Mais les pays voisins de la France interdisaient l'exportation absolue des kaolins, et nos fabriques de Sèvres, de Vincennes, de Saint-Cloud, de Chantilly et de Sceaux, durent se borner à continuer leurs travaux sur la porcelaine tendre.

Enfin, en 1761, un Strasbourgeois nommé Hannong, vendit à M. Boileau, directeur de la manufacture de Sèvres, le secret des procédés employés par les Allemands. En 1765, M. Guettard découvrit près d'Alençon un gîte de kaolin et de feldspath (pétunzé); et, la même année, le duc d'Orléans fit exécuter de la porcelaine dure à Bagnolet.

Presque à la même époque, Mme Darnet, femme d'un assez pauvre chirurgien de Saint-Yrieix, chef-lieu d'arrondissement du département de la Haute-Vienne, remarqua dans un ravin des environs de cette ville une terre blanche, onctueuse, qu'elle regarda comme une matière savonneuse propre au blanchissage du linge; elle la fit voir à son mari qui, soupçonnant dans cette terre une toute autre propriété, en adressa des échantillons à M. de Villaris, pharmacien de Bordeaux. Ce dernier partit pour Saint-Yrieix et y reconnut l'existence des kaolins.

Ce fut au domaine du Clos-de-Barre, à un kilomètre et demi de Saint-Yrieix, qu'on trouva les premiers kaolins; mais plusieurs affleurements se montrant dans les environs, partout ils furent fouillés et recherchés avec soin, et, dans peu d'années, on posséda des carrières importantes.

Ces découvertes redoublèrent l'ardeur des savants. Guettard, Darcet et M. de Lauraguais, sans s'être communiqué leurs procédés, parvinrent à fabriquer quelques pièces de porcelaine dure. M. de Lauraguais en présenta des échantillons à l'Académie en 1766. Cependant, d'après les archives de la manufacture de Sèvres, il paraît certain que ce fut M. Macquer qui, en 1768, y introduisit cette nouvelle fabrication.

Dès ce moment la France était dotée d'une industrie nouvelle.

Le Limousin possédait en abondance les matières premières de la porcelaine ; l'illustre Turgot, au nom duquel se rattachent toutes les pensées du bien public qui ont été réalisées en faveur de cette province depuis plus d'un demi-siècle, Turgot comprit que son pays devait être le centre naturel de cette fabrication, et, éclairé par les conseils de M. Macquer, il dirigea lui-même les premiers essais qui furent faits sur la porcelaine. C'est donc à lui que Limoges doit cet élément de sa prospérité actuelle.

Il y avait à cette époque, à Limoges, une manufacture de faïence, dont M. Massier était le propriétaire, et qui se faisait remarquer par la dimension et le cachet artistique de ses produits [1]. MM. Grellet en firent l'acquisition en 1773, et y établirent une fabrique de porcelaine, sous la direction de M. Massier et d'un chimiste appelé Fournerat.

---

[1] MM. Lesmes frères possèdent encore un plat de dimension considérable, fabriqué dans cet établissement en 1781.

On a eu trop souvent à constater dans les annales de l'industrie que les hommes d'initiative qui ont fait faire à la science un pas nouveau, n'ont acquis leurs succès qu'au prix des plus grands sacrifices. Après dix ans de recherches et d'essais, MM. Grellet furent obligés de solliciter l'appui du roi. Leur demande fut entendue. M. le comte d'Angervillers, alors intendant de la liste civile, comprit que le Trésor royal pouvait seul fournir les fonds qu'il était nécessaire de sacrifier à l'étude de cette nouvelle branche de l'art céramique, et, en 1784, il se rendit acquéreur, au nom du roi, de la manufacture de M. Grellet.

Cet établissement est celui qu'occupent aujourd'hui MM. Poncet et Ardant, sur la route de Paris. M. Grellet en eut la direction, et M. Massier en fut contrôleur.

M. Darcet, de l'Académie des sciences, qui avait suivi les opérations de la manufacture de Sèvres, fut envoyé à celle de Limoges pour en diriger les travaux. On fit venir plusieurs ouvriers de Paris. M. Cloostermann fut chargé de la composition des couleurs, et cette manufacture fut bientôt en activité. Mais il fut décidé qu'on y fabriquerait que des pièces d'une exécution facile, qu'on ne pouvait enrichir que de légères décorations.

La porcelaine fabriquée dans les premiers temps de la gestion de M. Grellet était assez belle; il employait alors, dans la composition de ses pâtes, des kaolins argileux de la plus grande pureté. On découvrit, en 1785, de nouvelles carrières, dont l'exploitation était moins coûteuse. M. Grellet encombra la manufacture des kaolins qui en provenaient. Malheureusement ils étaient de qualité inférieure; les produits de la manufacture du roi se détériorèrent à ce point que la masse de la fabrication de 1786, qui se composait de soixante-neuf fournées, ne s'éleva qu'à la somme de 31,000 fr., c'est-à-dire au quart de la valeur que ces fournées auraient dû avoir.

M. Grellet fut obligé de donner sa démission et de reprendre pour son compte ses mauvais approvisionnements.

Limoges comptait alors au nombre de ses habitants un homme d'une haute intelligence, dont l'esprit, aussi juste qu'étendu, pouvait embrasser en un instant les opérations commerciales les plus difficiles : c'était M. Alluaud, ingénieur-géographe du roi, qui possédait, avec M. Lavergne, de Saint-Yrieix, les belles carrières de Marcognac, dont on avait fait récemment la découverte. Il fut nommé directeur de la manufacture royale de Limoges.

Grâce à ses efforts, les vices de l'ancienne manipulation furent rapidement corrigés; des procédés nouveaux furent étudiés, et, en peu de temps, le succès le plus complet, l'activité la plus grande vinrent le récompenser de sa persévérance. Mais les premières secousses de la révolution vinrent ébranler l'édifice naissant. M. Alluaud n'était pas seulement un homme intelligent, il était surtout un homme de cœur. Le Trésor royal, fortement obéré, ne pouvait venir en aide à la manufacture ; M. Alluaud, qui comprenait combien il importait de conserver à la ville de Limoges un établissement qui devait plus tard en développer la prospérité, le soutint au prix de sa fortune, et il en conserva la direction jusqu'au 1er octobre 1793, époque où il fut appelé par le ministère à la direction de la Monnaie.

M. Massier fut alors provisoirement chargé de l'administration de la manufacture, et il conserva son emploi jusqu'au 1er octobre 1795. Mais, pendant cet intervalle, la fabrication fut proportionnée aux faibles rentrées d'assignats que produisaient les ventes ; la ruine de l'établissement devint imminente ; le gouvernement en ordonna l'aliénation : la manufacture royale cessa d'exister.

Cependant les travaux de M. Alluaud avaient porté leurs fruits. Il y avait, dès ce moment à Limoges et dans les environs, une pépinière de bons ouvriers ; aussi, dès que la tourmente révolutionnaire fut apaisée, cette industrie, courbée par l'orage, se releva, et l'homme qui s'était déjà sacrifié pour elle, M. Alluaud et surtout son fils, vinrent une seconde fois la féconder de leurs sueurs.

Pendant ces diverses phases de l'existence de la manufacture royale, M. de La Seinie avait fondé une fabrique de porcelaine à Saint-Yrieix ; il paraît que ses essais ne furent pas très heureux, car, en 1789, il l'afferma à M. Baignol, ancien tourneur de la manufacture royale. Ce dernier s'y maintint jusqu'en 1797, époque où il vint s'établir à Limoges.

La manufacture royale avait été partagée, en 1795, entre MM. Joubert et Cacate. Le premier afferma la partie qui lui en était échue ; le second essaya de fabriquer pour son compte ; mais il fut bientôt obligé de suspendre ses opérations.

En 1794, M. Monnerie établit une nouvelle manufacture à Limoges, dans l'ancien couvent des Augustins, dont il avait fait l'acquisition au mois de septembre 1793. Jusqu'en 1800, ses opérations y furent assez régulières. Il s'y faisait par an environ dix-huit fournées, qui occupaient une vingtaine d'artistes et de manœuvres. Mais, sous l'Empire, cette fabrique ne fit que languir, et, en 1808, elle ne se maintenait que par l'intelligence de son directeur. C'est celle où est établi aujourd'hui M. Ruault.

M. Alluaud père fonda une nouvelle usine en 1798. Son âge ne lui permettant plus alors de donner beaucoup d'activité à ses travaux, il s'attacha principalement à étudier la composition des pâtes et des kaolins, qu'il livrait ensuite aux autres fabriques. Malheureusement, la mort vint l'arrêter dans ses expériences, en juillet 1799.

Ainsi, en 1800, il n'y avait à Limoges que deux fabriques, celle de M. Baignol et celle de M. Monnerie. L'industrie de la porcelaine, qui, vingt ans auparavant, promettait de si beaux résultats, semblait frappée au cœur et menacée de mort.

A la mort de M. Alluaud, son fils aîné était aux armées. Dès que la loi sur les remplacements le lui permit, il revint à Limoges prendre la suite des opérations de son père. Dans l'espace de trois ans, il obtint des produits remarquables ; des ouvriers habiles se formèrent sous sa direction, et, lorsque la restauration ramena la paix en Europe, ces ouvriers, devenus des artistes, furent appelés à leur tour à diriger d'anciennes fabriques abandonnées, à en construire de nouvelles.

Ainsi, après Turgot et M. Dangervillers, M. Alluaud père et M. François Alluaud peuvent revendiquer une large part dans la gloire d'avoir créé une industrie nouvelle dans nos pays.

Le cadre que nous nous sommes tracé ne nous permet pas de suivre en ce moment le développement de l'industrie depuis 1815 ; nous aurons d'ailleurs l'occasion, dans le cours de ce compte-rendu, de citer quelques-uns des fabricants qui ont fait faire à la fabrication de la porcelaine les progrès les plus grands ; nous nous bornerons donc à donner ici quelques chiffres de statistique qui indiqueront ces progrès.

Malheureusement ces chiffres sont bien incomplets ; Limoges ne possède pas de chambre de commerce ; il n'y existe pas, comme dans la plupart des villes manufacturières du Nord et de l'Est, de Société

Industrielle qui puisse rassembler les documents de cette nature et dominer, pour ainsi dire, la fabrication, pour lui inculquer d'une manière permanente le goût du beau, rechercher les procédés nouveaux, encourager et provoquer les découvertes. Espérons cependant que ces utiles créations ne se feront pas attendre, et qu'elles auront pour consécration la création d'un Musée céramique qui, tout en recueillant les œuvres principales de nos fabricants, pourra être un dépôt de garantie et leur assurer la propriété de leurs modèles.

M. Alluaud aîné, dans un remarquable article publié en 1839, donne les chiffres suivants :

Avant la révolution de 1789, les produits de la manufacture royale de Limoges et de M. La'Seinie, à Saint-Yrieix, s'élevaient, année moyenne, à la somme de...................... 130,000 fr.

Sous la république, les produits des trois manufactures de Limoges et de la manufacture de Saint-Yrieix, peuvent être évalués à........... 80,000

Sous le consulat et l'Empire, les produits des quatre fabriques de Limoges et de Saint-Yrieix qui, en 1808, ont été évalués à 230,000 fr., ne se sont pas élevés depuis à plus de......................... 300,000

Dans les dernières années de la restauration, après la création des nou-

veaux établissements, la fabrication
annuelle des neuf manufactures de
Limoges, des sept manufactures dis-
séminées dans le département et de
la manufacture de Bourganeuf, atteint la somme de.............. 3,000,000

Aujourd'hui (1839), malgrě les si-
nistres de quelques manufactures, la
masse de la fabrication, y compris
celle des dorures et des peintures,
s'élève à une somme de.......... 4,000,000

Et dans cette somme, les fabriques et ateliers de peinture de Limoges émolumentent pour environ une moitié.

M. Alluaud ajoute :

« Il ne faut pas juger de l'accroissement propor-
» tionnel de la masse de la porcelaine fabriquée dans
» la Haute-Vienne, par la proportion de la valeur
» numérique qui la représente. Les perfectionne-
» ments extraordinaires qu'on a successivement in-
» troduits dans les procédés de la fabrication, et les
» effets de la libre concurrence, ont été tels, que la
» douzaine d'assiettes qui, sans remonter au-delà de
» l'Empire, valait alors de 12 à 18 fr., selon la qua-
» lité, est descendue au prix de 5 à 8 fr. Tous les
» prix de la porcelaine usuelle ayant baissé dans la
» même proportion, il en résulte que la masse des
» produits a non-seulement été décuplée depuis l'Em-
» pire jusqu'à ce jour, comme on le voit par la dif-
» férence des valeurs introduites dans la consomma-

» tion à ces deux époques, mais que cette masse de
» produits, le nombre de bras et la quantité de ma-
» tières de toute nature qu'elle emploie, sont au-
» jourd'hui *vingt-trois fois plus considérables.* »

En 1844, M. L. Ardant, rendant compte, dans le
journal *l'Ordre,* de l'exposition départementale, évaluait aussi à 4 millions le produit annuel de la fabrication de la porcelaine.

Nous n'avons pu nous procurer d'une manière
précise le chiffre des affaires au moment où nous
écrivons ; cependant, il résulte d'un document que
nous avons sous les yeux, qu'il s'est considérablement
accru.

En effet, dans son travail, M. Ardant évaluait à
65,000 stères la quantité de bois employée annuellement pour la cuisson et le chauffage des ateliers dans
tout le département.

La ville de Limoges rembourse aux fabricants les
droits d'octroi payés par eux pour le bois employé à
la cuisson de la porcelaine.

Ce remboursement, calculé à raison de 1 stère
10 centistères de consommation par mètre cube de la
contenance de chaque four, et par fournée, se paie,
depuis le 16 novembre 1853, à raison de 60 c. par
stère.

Or, ce compte est inscrit au budget de 1855 pour
la somme de 40,000 fr. La consommation de l'année
courante est donc évaluée à 66,666 stères, c'est-à-

dire au total de la consommation de tout le département en 1844.

Un des fabricants les plus expérimentés de Limoges nous assure que ce chiffre de 66,666 stères est au-dessous de la vérité, et, en effet, il y a dans la banlieue de Limoges quelques fabriques qui ne sont pas assujetties aux droits de l'octroi. Il établit d'ailleurs le chiffre de la fabrication de la manière suivante. Il y a dans notre ville à peu près quarante fours à porcelaine, qui cuisent environ six fois par mois ; on fait ainsi deux mille huit cent quatre-vingts fournées par an. Ces fournées valent, en moyenne, au moins 2,000 fr. La somme des produits peut donc être portée, année courante, à 5,600,000 fr. pour la seule ville de Limoges, et il est à remarquer que depuis 1844 le prix des articles a considérablement diminué.

Une statistique faite à la fin de 1854, permet de juger à un autre point de vue l'importance de la fabrication.

Ce document, que nous avons sous les yeux, compte à Limoges seize cent quarante-quatre ouvriers porcelainiers au-dessus de quinze ans, cent quarante au-dessous ; quatre cent trente-deux ouvrières au-dessus de quinze ans, et deux cents apprentis ayant moins de quinze ans. Le salaire des ouvriers au-dessus de quinze ans présente les trois moyennes de 4 fr. 50 c., 3 fr. 50 c., 1 fr. 50 c. ; celui des femmes, 2 fr. 50 c., 1 fr. 50 c., 1 fr. et 40 c.

Il est bien entendu que dans ces chiffres on ne comprend pas les artistes de mérite dont les appointements sont aussi exceptionnels que leur talent.

La peinture et la dorure complètent environ huit cent cinquante ouvriers ou ouvrières, et environ trois cents apprentis des deux sexes. Les chiffres moyens des salaires sont pour les artistes de 6, 3 et 2 fr., et de 1 fr. 25 c. pour les femmes. On estime à environ 1,600,000 fr. la valeur de la peinture et du décor appliqués à la porcelaine. Vingt-deux ateliers emploient quatre-vingt-cinq mouffles.

Ainsi, la fabrication de la porcelaine et sa décoration occupent à Limoges seulement, et dans les ateliers, plus de quatre mille ouvriers, et présente une valeur d'environ *7,200,000 fr.* ; et, remarquons-le bien, dans cette énumération on ne fait pas figurer les journaliers employés dans les nombreux chantiers de la Vienne au flottage des bois, les charretiers qui conduisent les matières premières, les ouvriers attachés aux moulins de kaolins, les bûcherons et ceux qui, travaillant dans les carrières d'argile, expédient à Limoges les pâtes, les sables réfractaires et les terres à gazette que l'industrie consomme.

Ces chiffres ont une éloquence qui leur est propre ; ils expriment mieux que nous ne pourrions le faire ce que sera notre industrie lorsque le rétablissement de la paix aura rendu le calme à l'Europe ; ils démontrent que, loin de mériter des critiques qui leur ont été trop légèrement adressées, nos produits sont appréciés partout, et que la modicité toujours croissante de leurs prix leur assurera à l'avenir une faveur de plus en plus grande sur les marchés des deux mondes.

Il nous reste à établir maintenant qu'au point de vue de l'art d'une belle fabrication, nos industriels ont fait d'heureux efforts pour égaler au moins leurs rivaux. Nous espérons atteindre ce résultat en décrivant en détail les parties de l'exposition que nous avons vues.

Toutefois, avant de commencer, nous devons déclarer que dans le compte-rendu que nous allons faire, nous ne nous sommes nullement préoccupé de l'importance et du chiffre des affaires des maisons dont nous parlons. Nous n'avons point essayé de les classer, et nous écrivons dans l'ordre de nos souvenirs et des notes que nous avons prises dans nos excursions.

II. — LES EXPOSANTS.

MM. ALLUAUD.

La maison Alluaud, dont le chef est M. François Alluaud aîné, et qui a son siége à Limoges, livre à la fois au commerce des matières premières et de la porcelaine fabriquée ; elle se présente à l'exposition avec ces deux branches de son industrie.

Les matières premières dont elle se sert sont extraites de diverses propriétés qu'elle possède dans les environs de Limoges.

Elle tire les kaolins des carrières de Marcognac, près de Saint-Yrieix-la-Perche. Ces carrières, découvertes il y a quatre-vingts ans, ont toujours appartenu à la famille. Elles fournissent annuellement une quantité moyenne de 25,000 quintaux métriques. L'exploitation s'en fait par trente-six manœuvres, touchant un salaire de 1 fr. : quarante femmes payées à 60 c., et dix enfants touchant chacun 50 c.

M. Alluaud a découvert à Chanteloube, commune de Razès, des carrières de pegmatite, orthose, albite et quartz de granit à grandes parties, qu'il exploite depuis 1824 [1]. Cette carrière produit annuellement 2,000 quintaux métriques ; elle occupe douze ouvriers manœuvres, dont le salaire moyen est de 1 fr. 10 c. par jour.

Les terres à gazette proviennent de La Malaize, canton de Saint-Junien. Ce sont des argiles réfractaires dont l'extraction nécessite l'emploi moyen de dix manœuvres.

Enfin, il y a encore à Paynac, commune de Verneuil, des gîsements de sables et de terre réfractaires qui occupent quatre ouvriers.

---

[1] On sait que les pegmatites sont les roches-mères des plus beaux kaolins. L'orthose est un feldspath à base de potasse ; l'albite ou le leavelandite est un feldspath à base de soude.

La maison Alluaud possède deux usines à kaolin :
celle de La Garde et celle du Château , à Aixe.

La première a été établie lors de la découverte des
carrières de Marcognac. M. F. Alluaud l'a entièrement reconstruite ; mais il ne s'est pas borné à l'a-
grandir ; il y a établi des procédés particuliers pour
broyer les pâtes et les sécher, que M. Brongniart a
décrits dans son *Traité des arts céramiques* [1]. Ce savant cite surtout avec éloge l'appareil à filtration
sur le vide dû à M. Alluaud. Ce moulin, qui livre annuellement à la consommation 15,000 quintaux métriques de matières, est mû par huit roues
qui représentent une force d'environ trente chevaux.
Il contient cinq grandes meules de 1^{m}66 de diamètre ; trente-six petites meules ; un lavoir pour le
caillou ; douze pilons pour pulvériser les tessons, le
quartz, le feldspath, etc., etc. Il occupe vingt manœuvres, dont le salaire est de 1 fr. 25 c. par jour.
On y trouve, en outre, un atelier de forge et un autre
de mécanique.

La belle usine du château d'Aixe a été construite
en 1854. Elle possède cinq roues motrices de la force
de trente-six chevaux, qui mettent en mouvement
trois grandes meules et soixante petites. Chaque
grande meule vaut environ huit de ces dernières.
Une petite meule produit environ 50 kilogrammes

[1] Tome I, pages 100 et 108 de l'édition 1854.

de pâte par vingt-quatre heures, y compris les chô-
mages, les temps d'arrêt qui peuvent provenir des
gelées, inondations ou sécheresses. Ce moulin, qui
emploie quinze manœuvres, livre à la consommation
annuelle 15,000 quintaux métriques de matières. Il
renferme six presses à raffermir la pâte.

En 1798, M. Alluaud père avait construit, rue des
Anglais, une petite fabrique de porcelaine. Cette
usine n'avait qu'un four, et ce four lui-même ne
mesurait que 2^m66 de diamètre. C'est là que s'établit M. François Alluaud en l'an IX de la république, à son retour des armées.

Dès son début dans l'industrie, il attira sur lui
l'attention des savants par des articles spéciaux publiés dans *le Journal de Physique*. A l'exposition de
1806, il obtint une mention honorable pour la blancheur de sa pâte et l'éclat de son émail. Le jury si-
gnala surtout son groupe des chevaux de Marly,
« dont le beau mat et la blancheur égalaient la bonne
réussite si difficile à obtenir dans des groupes de
grande dimension. » En 1808, le rédacteur de *la
Statistique de la Haute-Vienne* déclarait que « la
porcelaine qu'on fabrique à Limoges, surtout celle
de M. Alluaud, peut généralement rivaliser avec
celle de Paris par son blanc et la solidité de la pâte. »
Depuis cette époque, M. Alluaud n'a pas cessé ses
études, et il suffit de lire le *Traité des arts céramiques*,
qu'a publié l'illustre Brongniart, pour comprendre
ce que la science lui doit.

Sous l'Empire, la manufacture de M. Alluaud consommait annuellement 3,550 myriagrammes de pâtes et couvertes, 9,200 myriagrammes de terre argileuse pour les gazettes, et 3,000 stères de bois ; elle fabriquait soixante-dix fournées d'une valeur moyenne de 1,200 fr. chacune.

En 1816, M. Alluaud construisit la fabrique des Casseaux, sur la rive droite de la Vienne. Depuis 1842, cette usine a pris un immense développement. A cette époque, elle ne comptait que deux fours. Il en a été construit un troisième en 1843, et le nombre s'est élevé à cinq en 1850. Tous ces fours sont à quatre alandiers. M. Alluaud exploite directement une grande partie des bois que consomment sa manufacture. Les approvisionnements se font au moyen du flottage sur la Vienne et le Taurion.

Aujourd'hui, l'établissement occupe cinquante tourneurs français et six tourneurs anglais, ayant un salaire annuel moyen de 1,060 fr. ; cinquante mouleurs et garnisseurs, payés à 1,000 fr. ; quinze mouleuses et garnisseuses, payées à 550 fr. ; trois modeleurs et couleurs de plâtre, à 1,500 fr. ; cinq gazetiers, à 1,200 fr. ; douze enfourneurs, englobeurs, émailleurs, à 900 fr. ; trente-six retoucheuses, au salaire de 1 fr. par jour ; trente enfants, de 40 à 80 c. par jour ; quatre-vingts ouvriers, manœuvres, etc., à 1 fr. 40 c. ; trente engazeteurs, à 1 fr. 50 c. ; six useurs de grains et polisseurs, au prix moyen de 1,400 fr. par an ; huit emballeurs, à

700 fr. ; enfin dix chefs d'ateliers et employés divers ; en tout, trois cent trente-un ouvriers.

Les matières consommées consistent en :

Pâte, 630,400 kil. ; émail, 200,000 kil. ; terre à gazette, 1,300,000 kil. ; bois, 16,000 stères ; plâtre, 40,000 kil. ; houille, 200,000 kil.

Le produit annuel de la fabrication de la porcelaine blanche est en moyenne d'une valeur de 600,000 fr. La majeure partie en est destinée à l'exportation.

Pour être juste, disons que la prospérité toujours croissante de cette manufacture n'est pas due seulement aux connaissances de M. Alluaud. Si la fabrication a fait des progrès sous l'impulsion de la science, il faut reconnaître qu'une bonne direction commerciale a puissamment contribué à son développement. Cette direction, confiée à M. Valade qui, depuis trente ans, consacre ses soins au succès de l'établissement, donne la preuve de ce qu'on peut obtenir par le travail uni à l'intelligence.

Les objets préparés pour une exposition peuvent classer en deux groupes principaux. Les uns ont pour but de montrer ce que l'on peut faire, les autres ce que l'on fait. Les premiers résolvent la question de l'art, — les seconds celle de l'industrie.

La maison Alluaud n'a voulu présenter à l'Exposition universelle que ses produits courants.

Elle n'a donc fait aucuns frais spéciaux, et elle s'est bornée à prendre au hasard quelques services parmi ses articles de choix. En première ligne, elle offre un service de toilette destiné à l'Amérique, de dimensions colossales; le bain de pied et la cruche qui l'accompagnent sont de proportions énormes et d'une réussite parfaite.

Il ne faut pas croire qu'il soit plus facile de produire une pièce d'un service qu'un vase de luxe aux formes contournées. Le grand problème à résoudre en porcelaine est d'obtenir des pièces droites, régulières, et l'on conçoit dès lors que le genre rocaille présente plus de chances de succès que les formes unies d'un style pur et sévère.

La platerie ovale est un des articles les plus difficultueux. MM. Alluaud viennent d'introduire dans leur fabrication un perfectionnement remarquable, dû aux travaux d'un modeleur expérimenté, aujourd'hui fabricant lui-même. Au moyen d'un procédé de calibrage très ingénieux, il est permis de donner à ces plats une grande régularité d'épaisseur, en même temps qu'une grande légèreté; on évite ainsi en partie le *gondolage*, c'est-à-dire les ondulations disgracieuses qui rendent ces plats difformes. C'est un véritable progrès introduit dans la fabrication. Des plats ronds, de dimensions exceptionnelles, sont de même parfaitement réussis.

A côté des produits fabriqués figurent des échantillons de matières premières. On y remarque surtout un bloc magnifique de pegmatite kaolinique (kaolin caillouteux du commerce) qui peut donner par ses dimensions une idée de la richesse des gisements des carrières de Marcognac. Ce bloc, détaché de la masse par un coup de pioche, pèse environ 150 kil.

C'est ce kaolin qui forme la base des pâtes que M. Alluaud livre à l'industrie.

M. LESME.

Le 6 avril 1853, M. Salvetat, l'habile chimiste de la manufacture impériale de Sèvres, adressait à la Société d'encouragement pour l'industrie nationale, présidée par M. Dumas, un rapport où se faisait remarquer le passage suivant :

« M. Lesme, de Limoges, a résolu un grand problème : l'imitation des porcelaines chinoises, et il » l'a résolu d'une manière tellement satisfaisante, » que les hommes, même les plus habiles, les plus » exercés, ne peuvent saisir aucune différence entre » ses produits et ceux de la Chine. M. Lesme fabrique en outre des porcelaines vernissées rappelant » avec un bonheur étonnant les *rustiques* de Bernard » Palissy. Ces différentes poteries peuvent être considérées comme constituant deux sortes de produits » céramiques, tout à fait distincts : les porcelaines » chinoises et les poteries, façon Bernard Palissy, » que nous allons exposer successivement.

» Les porcelaines de M. Lesme, décorées dans le

» style chinois, sont en porcelaine dure à pàte kao-
» linique, à couverte feldspathique, cuites, pàte et
» couverte simultanément, au grand feu. Des es-
» sais récents, faits à la manufacture de Sèvres, ont
» montré que l'harmonie si séduisante des peintures
» sur les porcelaines de la Chine dépendait du petit
» nombre de couleurs employées par les Chinois, et
» de l'épaisseur qu'ils étaient forcés de leur donner
» pour produire des teintes d'une grande intensité.

» Les Chinois n'emploient que des émaux pour
» décorer leurs porcelaines, qui, cuites à une tem-
» pérature moins élevée que la nôtre, se prêtent
» parfaitement bien à ce genre de décoration ; les
» porcelaines françaises, au contraire, porcelaines à
» couverte feldspathique, se prêtent très difficilement
» à l'application des émaux. C'est cette difficulté
» que M. Lesme est parvenu à vaincre. Sa porcelaine
» est une porcelaine française, et l'on comprend
» aisément combien il a été difficile de trouver une
» composition d'émaux qui puissent être appliqués
» sur la couverte de la porcelaine dure ; combien il a
» fallu de tàtonnements pour déterminer la tempéra-
» ture convenable pour cuire ces émaux.

. . . .

» Les poteries décorées dans le genre de Bernard
» Palissy rappellent parfaitement ce que l'immortel
» émailleur appelait ses *Rustiques*. Le procédé par
» lequel M. Lesme est arrivé à ce résultat est très
» remarquable. Ces objets sont en porcelaine dure,

» cuite en biscuit ; mais, au lieu d'appliquer sur ce
» biscuit la couverte ordinaire des porcelaines dures,
» M. Lesme le recouvre d'une glaçure tendre, à base
» d'oxide de plomb, analogue à celle dont on re-
» couvre la porcelaine tendre. Les couleurs sont pro-
» duites par des émaux qui sont en petit nombre,
» et les mêmes que pour la porcelaine chinoise.

» Les produits de M. Lesme ne sont pas moins re-
» marquables sous le rapport artistique que sous le
» rapport de leur fabrication. Fidèle au grand mo-
» dèle qu'il s'était choisi, M. Lesme a, comme Ber-
» nard Palissy, demandé à la nature elle-même ses
» formes les plus élégantes ; tous les sujets qui dé-
» corent ses poteries, reptiles, poissons, feuilles,
» fruits, tous ont été moulés sur nature. L'arrange-
» ment et la reproduction des couleurs ne laissent
» rien à désirer ; leur vivacité, leur pureté font des
» poteries de M. Lesme des objets d'art qui peuvent,
» dans les collections des amateurs, prendre à côté
» des faïences si recherchées de Bernard Palissy, une
» place honorable. »

Nous n'aurions rien à ajouter à cet éloge si complet, décerné par un prince de la science, si, depuis
qu'il a été écrit, M. Lesme n'avait trouvé un procédé nouveau pour décorer la porcelaine. Sur un
objet en biscuit, il peint un sujet monochrome, il
recouvre l'objet d'un émail coloré et translucide, découvert par lui et fusible à basse température. Alors
toute peinture disparaît ; mais, dans la mouffle et sous

l'action d'un feu calculé, l'émail se vitrifie et laisse apparaître dans tout son éclat et avec sa couleur naturelle le sujet qu'il recouvrait.

Ce procédé a déjà reçu de l'inventeur plusieurs applications heureuses ; des vases ont été ainsi entièrement décorés par lui, et, sur d'autres, il en a entremêlé les effets avec ceux que produit la peinture ordinaire. Aussi on verra à l'exposition deux belles potiches dont la décoration consiste en une série de losanges à fond d'or, contenant de petits dessins en grisaille. Ces losanges sont séparés par des bandes transversales. Sur ces bandes, M. Lesme a dessiné une broderie de fleurs noires et les a recouvertes d'un émail translucide vert. A la mouffle, le noir a poussé à travers l'émail, et le dessin est devenu apparent, sans que la couleur ait coulé ou se soit dénaturée.

Nous ne croyons donc pas nous tromper en présentant M. Lesme comme une spécialité réelle, et en disant que, sur des études poursuivies avec tenacité, il a ouvert une voie nouvelle à l'art du peintre en porcelaine. Lorsque ces procédés, pour lesquels il a pris un brevet, seront tombés dans le domaine public, des artistes intelligents pourront les utiliser pour en tirer des effets charmants et inattendus. Il suffit, pour s'en convaincre, de voir son exposition. M. Lesme envoie à Paris diverses pièces dont la principale est un plateau décoré avec des procédés. Sur un fond bleu semé d'abeilles, se détachent en relief les armes de l'Empereur ; les anses sont formées par des aigles terrassant l'hydre. A côté de ce plateau figurent deux grandes potiches aussi décorées en Palissy, avec de belles têtes de satyres pour anses. Puis viennent de beaux vases chinois d'un fini exquis, des imitations du Japon parfaites, deux vases bysantins décorés avec des émaux particuliers, un service à thé enrichi des dessins les plus délicats. Mais ce que nous trouvons de plus curieux, ce sont de grands et de petits plateaux tous remplis de poissons, de reptiles, de coquillages, de fleurs et de fruits, décorés à la façon des Rustiques. Il est impossible de voir rien de plus naturel : tout cela semble vivre et se mouvoir, tant les couleurs sont vraies, les émaux heureusement appliqués. Il y a surtout un tableau formé d'une plaque de porcelaine blanche sur laquelle sont posés des reptiles dans leur attitude la plus habituelle, qui, à lui seul, suffirait pour mériter à M. Lesme des suffrages qui, nous l'espérons, ne lui feront pas défaut.

M. HAVILAND.

L'exposition de **M.** Haviland est le résumé et le couronnement de tous les genres de fabrication adoptés à Limoges. Nous voulions clore par elle la première série de nos comptes-rendus, mais une circonstance heureuse nous oblige à modifier l'ordre de nos travaux.

M. Haviland a gracieusement convié tous nos concitoyens à visiter une *exhibition* préparatoire qu'il a établie dans les bâtiments de sa nouvelle usine, et l'impression produite est telle, que c'est pour nous un devoir de nous hâter et de nous faire les échos de l'admiration générale.

Disons d'abord ce qu'est M. Haviland.

On se rappelle sans doute encore les plaintes amères que les agents consulaires de la France, dans le Nouveau-Monde et la Chine, adressaient, il y a quinze ans, au gouvernement du roi Louis-Philippe, contre le commerce d'exportation; ils dénonçaient à l'envi la mauvaise foi des commissionnaires et menaçaient la production nationale d'une dépréciation rapide et fatale.

C'était l'époque où M. Haviland, négociant à New-York, commençait à acheter des porcelaines françaises. Jusqu'alors il avait demandé à l'Angleterre les articles de sa consommation; mais, en ce moment, comprenant que nos articles, s'ils étaient bien traités, devaient prendre rapidement un essor considérable, il essaya de s'adresser au commerce de Paris. Il fut traité par les commissionnaires, comme l'étaient ses confrères des Etats-Unis.

Les marchandises qu'il reçut étaient d'une qualité inférieure, mal assorties, dépareillées même; les ors s'enlevaient au simple frottement, et le mauvais goût le plus absurde présidait au choix des articles. Heureusement pour nous, M. Haviland ne se re-

buta pas ; loin de rompre avec l'industrie française ,
il comprit qu'il était de son intérêt de se rapprocher
des sources de la fabrication , et il vint fonder en
France une maison qui eut d'abord son siége à **Paris**,
puis à **Foëcy** dans le **Berri**, et enfin qui vint s'établir définitivement à **Limoges** en **1842**. Les deux
premières années de son séjour dans cette ville se
passèrent en tâtonnements, en essais ; il lui fallait
sonder le terrain sur lequel il était appelé à mar-
cher ; enfin, en **1844**, la maison commença sérieusement ses opérations.

Pour bien faire comprendre l'importance qu'elle
acquit dès ce moment, et la proportion dans laquelle
s'est accru le chiffre des affaires , il suffit de citer un
document dont il est impossible de contester l'authen-
ticité : c'est le tableau des exportations de la porcelaine française et de la porcelaine anglaise à **New-
York** pendant la période de **1841** à **1853**.

Cette statistique , dressée par le gouvernement de
l'Union , présente les chiffres suivants :

Porc. française.	Anglaise.		Française.	Anglaise.
1841 1,400 colis.	1,250 env.	1847	2,650 colis.	333 env.
1842 753	621	1848	3,274	493
1843 909	312	1849	3,527	227
1844 1.847	740	1850	5,038	439
1845 1,630	642	51–52 (chiffres inconnus).		
1846 2,087	528	1853	8,594	374

Les livres de **M. Haviland** démontrent que sa
maison figure pour plus de moitié dans le poids total
de ces colis.

Si donc on veut bien remarquer qu'à l'époque de

son arrivée en France, notre porcelaine était totalement dépréciée, et qu'aujourd'hui la production anglaise a presque complètement disparu du marché américain, on comprendra quelle influence cette maison a eue sur notre fabrication, et combien elle a contribué à en relever la réputation, à vaincre les préventions trop justifiées dont elle était l'objet.

Il sera facile, dès lors, d'apprécier quelles ressources elle a fourni aux producteurs de Limoges, alors surtout que la disette, une révolution désastreuse appauvrissaient en quelques mois la France de vingt-cinq milliards, et tarissaient presque dans les entrailles de la terre les sources du commerce et de l'industrie.

Si M. Haviland n'eût été qu'un simple exportateur, c'est-à-dire s'il s'était borné à faire la commission, il n'aurait pu peut-être parvenir à faire adopter presque exclusivement la porcelaine française par les Etats-Unis; mais il avait une connaissance parfaite des habitudes de l'Amérique, des exigeances d'un confort auquel nous n'avons pas encore atteint; il établit lui-même ses modèles, les donna aux fabriques qui travaillaient pour lui, et en même temps il monta des ateliers spéciaux pour le modelage, la peinture et le décor.

Jusqu'alors on ne se rendait que très imparfaitement compte des prix de revient de la dorure et des décors. M. Haviland sut créer un système de comptabilité qui permet de connaître, d'une manière rigoureuse, ce que coûte chaque pièce qui sort de ses magasins. Ce système, en dehors de l'avantage qu'il a de le garantir contre des erreurs dans les prix de vente, est un excellent moyen pour assurer l'économie de la production, chose bien importante et sans laquelle il sera bien difficile qu'il ne pût lutter avec Paris et l'étranger.

Nous sommes sûrs que M. Haviland ne nous démentira pas lorsque nous dirons qu'il a été habilement secondé par un jeune homme de cœur et d'avenir, à qui il a confié la direction commerciale de son établissement. M. François Dantreygas sait suivre avec un tact exquis les progrès de la fabrication, et il ne s'émet pas une idée utile, il ne se révèle pas un genre nouveau, sans qu'il ne le féconde et ne le développe par d'heureuses applications.

Dans des conditions pareilles, toute maison devait prospérer; M. Haviland a trouvé, en outre, un puissant élément de succès dans la parfaite loyauté et le coulant avec lesquels il traite les affaires, dans la bonne qualité, le fini de ses produits.

Il emploie, année moyenne, dans ses ateliers, environ 400 personnes, hommes, femmes et enfants. En outre, la porcelaine qu'il commande au dehors occupe au moins 500 ouvriers. La valeur de l'or utilisé à ses décorations s'élève par an à la somme de QUATRE-VINGT-DOUZE MILLE FRANCS.

Nous éprouvons un grand embarras à formuler l'opinion publique sur l'exposition de M. Haviland.

L'impression se traduit d'une manière tellement vive, que nous craignons d'être accusé d'exagération en la reproduisant. Et pourtant tous les articles sont si bien établis, ils sont d'une telle richesse, d'un si bon goût, qu'on ne peut nier que ces éloges ne soient parfaitement mérités. Cette exposition est une collection réelle d'objets d'art, et il faut connaître les procédés de la maison, la modicité de ses prix, pour admettre que ces jolies choses, loin d'être des produits exceptionnels, sont, pour la plus grande partie, accessibles aux fortunes les plus modestes.

Cependant, pour apporter un peu d'ordre au milieu de cette confusion charmante, nous essaierons de classer les objets exposés : nous ne considèrerons les uns qu'au point de vue de l'art, et les autres qu'à celui de l'utilité commerciale et de l'économie des procédés employés pour les décorer.

Ce qui frappe avant tout les regards, c'est une série de grands vases de formes diverses, décorés avec une extrème richesse et couverts de peintures d'une finesse achevée. La pièce capitale par ses dimensions est un vase grec de forme ovale, monté sur un socle carré, d'une pureté de lignes, d'une sobriété d'ornementation vraiment antique.

Ce vase, modelé par M. Baude, artiste attaché à l'établissement, a été fabriqué par M. Sazerat qui, par le choix des matériaux, les soins donnés au moulage, en a fait une pièce remarquable. M. Baude y a appliqué une ornementation de fleurs d'un brillant

effet. Cet artiste semble se complaire dans la reproduction des grandes fleurs aux larges pétales, des
plantes grimpantes à la tige onduleuse, aux vrilles
contournées, des oiseaux au plumage étincelant; il
les dessine et les groupe d'une façon magistrale; il
excelle surtout à reproduire le chatoiement irisé de
lumière qui glisse sur les fleurs et miroite sur l'aile
des oiseaux. En analysant les peintures qu'il a pro-
diguées sur son vase grec et sur une autre potiche,
œuvre fort belle de M. Ruault, on comprend que
l'artiste s'est préparé au travail par de longues études
sur la nature, mais que, le pinceau à la main, il
est entièrement l'esclave de l'inspiration. De là nais-
sent cette exubérance de formes, cette nature plan-
tureuse et luxuriante qui font involontairement
songer à la végétation des tropiques. Les fleurs de
M. Baude sont entremèlées d'oiseaux à l'œil vif, au
plumage brillant, largement peints, coquettement
posés, qui animent la composition et lui donnent le
mouvement.

M. Haviland avait fait figurer à l'exposition de
New-York trois vases que nous retrouvons ici, et
qui lui ont valu la supériorité sur ses rivaux. Il
n'avait été réservé aux exposants français que huit
grandes médailles. Deux de ces récompenses étaient
destinées à la porcelaine : le jury a conféré l'une à
la manufacture impériale de Sèvres, l'autre a été
donnée à la maison Haviland.

L'élégance du décor, la gràce et la fraîcheur des

peintures justifient pleinement cette distinction. L'un de ces vases sort des ateliers de **M. Valin**; les autres sont dus, si nous ne nous trompons, à **M. Ruault**. Le premier est une carafe à long col chargée d'une ornementation riche et bien entendue; cette carafe présente sur fond d'or des arabesques en couleur jetées avec une grande hardiesse; les feuilles sont en ors verts, rouges et jaunes, brunis à l'effet avec détails en platine. Le cartel représente *la Esméralda* de Victor Hugo avec sa chèvre. Cette peinture est d'une suavité et d'une beauté de tons que l'on trouve bien rarement dans la porcelaine. La tête de la jeune fille, noyée dans le clair obscur, a une délicieuse expression de chasteté; les chairs sont d'un beau coloris, et, dans les replis des draperies, comme dans tous les accessoires, on devine le faire d'un artiste consciencieux, mais difficile, que son travail ne satisfait jamais.

L'auteur de ce charmant tableau est **M. Fortin**, dont le talent est depuis longtemps apprécié, et qui cependant se révèle encore à l'exposition universelle sous un jour nouveau. Nous en avons la preuve dans sa *Naissance de Bacchus*, grand sujet dessiné sur une potiche à fond pourpre, qui revient aussi de New-York. Ici la scène change : le peintre ne peut plus se renfermer dans les détails faciles d'un modeste intérieur; il faut qu'il reproduise dans son tableau un vaste et riche paysage, éclairé par le brillant soleil de la Grèce; il faut que les nymphes aient ce

type idéal que les poètes antiques leur ont prêté.
Eh bien ! voyez comme cette campagne est belle,
comme ces derniers plans fuient dans le lointain ;
c'est bien l'aurore aux doigts de roses qui a écarté les
voiles de la nuit pour donner une issue à ces rayons
qui colorent les sommets de l'Hymète. Quel bel enfant que ce Bacchus, quelle morbidesse dans les
chairs, quelle grâce dans le galbe de ces femmes si
bien posées, dans leurs vêtements diaphanes !

Peint à l'huile, ce tableau serait remarqué partout ; exécuté en porcelaine, il mérite des éloges
unanimes, car il est l'expression d'une difficulté
vaincue.

On sait que lorsqu'une peinture a été appliquée
sur un vase, il faut exposer celui-ci à un feu de
moufle qui fond les couleurs et les incruste dans
l'émail. Un petit nombre de ces couleurs seulement
peuvent résister à cette élévation de la température ;
les unes sont complètement dévorées, les autres chan-
gent de ton d'une manière sensible. Ainsi, le peintre en porcelaine ne dispose que d'une assez pauvre
palette, et ce n'est qu'après de longues et patientes
études qu'il peut juger dans quelle proportion le feu
de la moufle altèrera ses couleurs. Cette science,
bien difficile à acquérir pour le fleuriste, l'est bien
plus encore pour le peintre de figures, et il lui faut
une sûreté de coup d'œil toute particulière pour
donner à ses chairs des tons qui approchent de la

nature, et empêcher que ses ombres ne soient dures et ne poussent au noir.

M. Fortin a ce mérite à un haut degré ; on en a une preuve éclatante dans son tableau de la *Danse des Nymphes*. Il y a là une femme vue de dos, dont la carnation est d'un coloris irréprochable ; elle a été louée sans réserve devant nous par des amateurs qui n'ont pas la réputation d'être très indulgents lorsqu'il s'agit d'œuvres locales.

Nous sommes forcés de passer sous silence une charmante *Léda*, gracieuse composision que M. Fortin a su baigner de fraîcheur et d'ombre ; car il nous faudrait louer aussi sans réserve deux autres tableaux, véritables moissons de fleurs que l'on dirait écloses d'un sourire de Flore et de Vénus, dont les statues figurent dans la composition.

Nous avons entendu un amateur qui doit appartenir à la classe des critiques moroses, variété inintelligente, dire qu'on faisait mieux encore à Sèvres. Eh ! qui en doute ? Mais sait-on à quel prix Sèvres livrerait un vase que M. Haviland ferait payer 1,000 ou 1,500 fr. ? Il y a des gens qui s'entêtent à vouloir de l'art pour l'art, et qui ne veulent pas comprendre que l'art ne fait pas vivre, et qu'un négociant doit avant tout fabriquer le courant pour remplir ses engagements et payer ses artistes. Il faudrait cependant se convaincre que ceux de nos industriels qui ont voulu montrer à la France ce qu'on peut faire à Limoges, n'ont atteint leur but qu'au prix de sacrifices souvent considérables , et qu'on ne saurait dénier ces sacrifices sans une profonde ingratitude. Que l'on mette des fabricants comme MM. Haviland, Pouyat, Alluaud, Chabrol.... ; des artistes comme MM. Constant, Comoléra, Firmin, Samson, Baude, Fortin et Farge, dans les mêmes conditions que Sèvres ; qu'il leur soit permis de faire du beau et du bon , sans s'inquiéter des dépenses ; qu'on leur dispense sans mesure , comme aux artistes de Sèvres , le temps et l'argent, et alors seulement on pourra juger avec certitude du mérite relatif de l'une et de l'autre fabrication.

M. Fortin a dignement couronné la partie de l'exposition qui lui était confiée, en terminant le décor d'une coupe qui, par ses dimensions , mériterait de figurer dans un salon d'apparat ou dans les galeries d'un musée. Il a peint en grisaille, sur le bord intérieur, la *Bataille des Centaures*, d'après les frises du Parthénon. Le fond est une rosace en ors de diverses nuances, dessinée et brunie par lui. Les artistes de M. Haviland ressemblent aux collaborateurs de Benvenuto Cellini ; ils sont au besoin sculpteurs , peintres et décorateurs.

Cette coupe est l'œuvre de M. Samson, sculpteur attaché à l'établissement , qui s'est inspiré des souvenirs de l'art grec des meilleures époques. La vasque , en porcelaine émaillée , est portée sur un trépied en biscuit sculpté avec beaucoup de délicatesse , et rehaussé par des masques tragiques bien accentués.

Pour faire ressortir le fini des détails, M. Fortin a relevé le fond par une glaçure rose qui donne à toute la pièce une grande légèreté.

M. Samson est aussi l'auteur d'un élégant service de table mauresque qu'expose M. Haviland, et qui obtient des suffrages unanimes. Les formes présentent une grande pureté de lignes et sont d'un contour gracieux; les pièces ovales qui s'y rattachent, moulées par des mains habiles, ont cette égalité d'épaisseur que prise tant la consommation. De gracieuses arabesques encadrent chaque pièce sans la surcharger, et le décorateur les a rendues plus légères encore en les faisant reposer sur un fond vert-bleu, et en faisant courir sur leurs bords un filet d'or d'une extrême ténuité.

Ce service, qui sort des ateliers de l'association Richroch, est d'un beau blanc et d'une réussite complète.

L'un des peintres les plus habiles de Limoges, M. Farge, a été chargé par M. Haviland d'en décorer quelques pièces. Nous ne savons comment définir le genre qu'il a adopté, tant il est vaporeux et léger. Cela ressemble à ces rêves capricieux, à ces formes idéales et indécises que l'esprit crée lorsque le corps est plongé dans ce calme voluptueux que cause le demi-sommeil ou la vapeur ambrée qui s'échappe du narguilhé persan. Jusqu'à présent, M. Farge n'a rien à l'Exposition qui lui soit propre; ses amis regrettent cette lacune, et nous nous associons de grand cœur à leurs plaintes. Cet artiste a une valeur trop réelle pour que l'absence de ses produits ne nuise pas à la beauté de notre Exposition.

M. Samson a encore dans cette collection un article que bien des dames ont envié : c'est un encrier à feuilles nature, d'une coquetterie achevée, et qui porte un petit miroir de toilette ; gracieux de forme, riche de décors, ce joli meuble ornera sans doute bien des boudoirs. Les fumeurs, de leur côté, devront à cet artiste divers nécessaires à tabac également travaillés. Il en est un notamment qui obtiendra tous les suffrages par la beauté des attributs dont il est orné et la disposition ingénieuse de ses compartiments.

Ce que nous sommes convenu d'appeler la partie commerciale de cette exposition, est moins riche que la partie artistique ; mais les objets qui la composent en sont traités avec un soin égal, et le plus grand nombre se fait remarquer par la modicité de ses prix.

M. Haviland a fait établir dans les ateliers de MM. Alluaud, et sur ses modèles, un service rocaille qui se distingue par la hardiesse et l'entente de l'établissement. M. Bourdelais, à qui l'on doit déjà la belle guirlande de fleurs qui encadre la *Danse des Nymphes*, de M. Fortin, l'a décoré de fleurs isolées d'un beau dessin et d'une touche large et sûre. A côté s'étale un autre service ovale blanc, rehaussé seulement de filets d'or. La fabrication en est due en partie à l'association Ricroch et en partie à MM. Alluaud ; il n'est donc pas nécessaire d'ajouter que la manipulation en est parfaite, et que toutes les difficultés du moulage et du tournage ont été heureusement vaincues.

Il y a quelque dix ans que l'on a essayé d'appliquer à la porcelaine et à la faïence le système d'impression en taille douce, enluminé à la main ; mais ce genre n'a jamais eu de vogue sérieuse et a constamment été relégué dans les produits inférieurs. On lui reprochait de ne présenter que des dessins durs ou complètement incorrects. M. Haviland s'est emparé de ce procédé, et il a eu le bonheur de rencontrer un artiste qui lui a imprimé un cachet d'une originalité réelle et qui lui a ainsi donné une nouvelle valeur.

M. Henri Cresswell, graveur anglais, qui a travaillé quelque temps à la manufacture de Sèvres, manie le burin avec une grande habileté. Il sait ménager sa taille de manière à assurer la reproduction parfaite du calque sur la porcelaine, sans que le dessin pâlisse ou soit trop noir ; il donne ainsi à l'enlumineur toute facilité pour rendre les effets de la peinture. Le décor du service impression demiriche qu'expose M. Haviland, se compose d'attributs dus au talent si souple de M. Baude ; c'est un vrai chef-d'œuvre de gravure, et il faut être prévenu d'avance pour y voir autre chose qu'une bonne peinture courante. Dès aujourd'hui, l'impression sur porcelaine a pris une place importante dans la fabrication, car on peut désormais obtenir par ce moyen des décors d'un bel effet et presque sans frais. Il y a dans ce service tel plat dont l'ornementation en couleur revient à peine à 2 fr. 50 c., qui coûterait au moins 15 fr. de façon d'après la manière ordinaire ; imprimé à une seule couleur, il reviendrait à peine à 50 centimes. L'impression ne s'applique pas seulement sur des surfaces planes : M. Haviland nous offre des tasses à lait dont le prix, avec l'enluminure et l'or, est à peine de 80 c. Il a un *génieux* qui représente un sujet de neige avec figures, à 1 fr. 25 c.; une tasse chinoise avec son plateau, à 2 fr., et, comme si ce n'était pas assez, il laisse à 28 fr. un service américain, composé de quarante - quatre pièces, parmi lesquelles douze assiettes, deux plats à gâteaux et douze tasses avec leurs soucoupes. A Sèvres, on est obligé de cuire l'impression d'abord, puis l'enluminure et enfin la dorure ; M. Haviland obtient ces trois résultats par un seul coup de feu, et en réduisant ainsi les frais des deux tiers.

Les bons peintres d'initiales sont rares. M. Cresswell imprime les chiffres en or et en couleur avec une grande perfection et une grande finesse de contour. La maison a tiré un heureux effet de son procédé ; elle imprime un attribut en or ou en couleur sur un objet blanc ; elle recouvre cet objet d'un fond de couleur, et par une mixtion à elle seule connue, elle enlève la couleur qui est sur l'impression et laisse cette dernière se détacher du fond avec une grande netteté. Cette mixtion permet de réserver en blanc les détails les plus délicats.

Le reste de l'exposition de M. Haviland présente les progrès que la maison a obtenus dans divers genres. Nous citerons entre autres des échantillons de tasses à thé avec des fleurs de convention. Ces fleurs sont peu finies, et cependant elles paraissent très ouvragées et font un bon effet; leur prix varie entre 85 c. et 1 fr. 25 c.; des génieux à ornements blancs enlevés sur fonds tendres de différentes nuances et décorés en or, sont cotés de 7 à 10 fr. Ces enlevages se font au moyen du procédé décrit plus haut. Jusqu'ici les pièces ainsi décorées n'avaient pu entrer dans le commerce.

Les objets ornementés acquièrent une valeur nouvelle lorsqu'on peut les recouvrir d'un fond ou glaçure tendre. M. Haviland apporte un soin extrême à cette partie de la fabrication, et là encore il a obtenu des résultats inattendus. Nous avons vu une charmante assiette dont le fond, couleur de chair et bordé de perles vert chrome, est cuit au feu de four. Ordinairement on obtient le chair rosé en trempant les objets en cru dans un bain d'or; à ce procédé coûteux, M. Haviland en a substitué un autre qui est d'une grande économie. Une petite coupe porte sur un fond vert-bleu des émaux et des paillons d'or qui ont été cuits en un seul feu ordinaire de moufle; il y a encore des potiches décorées avec des rubans et des filets en spirale, en or et en couleur, qu'il serait impossible d'exécuter avec les procédés ordinaires, et qu'on obtient par des *tournettes* fabriquées spécialement pour cet objet.

Le manque de temps et d'espace nous oblige à clore ici cette description bien incomplète cependant. Mais nous croyons avoir suffisamment démontré que M. Haviland a donné un essor immense à la peinture sur porcelaine. Chacun de ses essais est une découverte, chacun de ses pas un progrès, une amélioration ; et les nombreux élèves qu'il forme répandent chaque jour dans l'industrie les préceptes qu'ils ont reçus de lui. Son nom est donc acquis désormais à l'histoire de notre belle industrie.

M. Haviland s'est décidé à ouvrir un dépôt à Paris, et il a traité à ce sujet avec M. Dommartin, jeune industriel très avantageusement connu dans le commerce de la porcelaine.

Qu'il nous soit permis, avant de clore cet article, de dire un mot de la magnifique usine que M. Haviland fait construire dans l'avenue du Crucifix. Tous ceux qui l'ont visitée s'accordent à dire que les proportions en sont habilement calculées, les dispositions fort heureuses. Les ateliers de peintures sont inondés de lumière et communiquent, par de larges issues, dans un vaste hangar, où vingt moufles attendent leurs produits. D'immenses magasins correspondent à toutes les portes de l'édifice et, par leur distribution, permettent de classer les marchandises avec ordre et méthode.

L'idée fondamentale de cette construction est due
à M. Haviland, et M. Regnault, architecte de la
ville de Limoges, en a exécuté le plan et dirigé les
constructions d'après son programme. Pendant la
durée de l'exposition, M. Haviland semblait heureux d'en faire voir les détails à ses nombreux visiteurs : c'est dire assez combien il apprécie le beau
talent et le caractère honorable de son habile auxi-
liaire.

M. SAZERAT.

A côté des brillants produits de M. Haviland, figu-
rait une modeste collection de porcelaines en blanc.
sur lesquelles l'œil glissait d'abord sans s'arrèter,
mais qui fixaient peu à peu l'attention par la beauté
de la matière et la pureté des formes. C'était l'exposition partielle de M. Sazerat, jeune fabricant instruit qui, quoique à peine établi depuis deux ans à
Limoges, a su déjà prendre une place honorable dans
notre industrie.

A part quelques coffrets, de la décoration desquels
Very de Paris s'est chargé, à part une potiche de
grande dimension qui est encore au globe, toutes les
pièces de cette exposition sont prises dans la masse
de celles que M. Sazerat livre au commerce; il
n'offre donc au public que ce qu'il fait chaque
jour.

Le premier objet qui frappe la vue est un joli service à thé, forme Sèvres, très blanc et très léger, qui a le grand avantage d'être d'un usage facile. Il arrive en effet trop souvent que les marchands en gros se plaignent des défauts des services en porcelaine. Tantôt le fabricant, pour donner au col d'une théière une ondulation gracieuse, l'arrondit trop fortement, et la veine fluide ne peut plus sortir que par saccades ; tantôt il en aplâtit trop le bec, et la veine s'éparpillant, le liquide coule sur la paroi extérieure du vase ; tantôt enfin, l'anse n'ayant pas une longueur suffisante, demande dans le traversement un effort de poignet identique à celui qu'il faudrait à un levier trop court pour vaincre une résistance de un ou deux kilogrammes. M. Sazerat a cherché, autant que possible, dans toutes ses pièces de service, à obvier à cet inconvénient, et il nous semble qu'il a réussi.

La question de la porcelaine mince a été résolue partiellement par plusieurs fabricants de Limoges. Nous disons partiellement, parce qu'ils n'ont pas employé le procédé du coulage qui seul permet d'obtenir une grande régularité. Ce procédé n'a pas pris faveur à Limoges, en raison des frais qu'il occasionne. Indépendamment des soins qu'en nécessite l'application, la porcelaine faite en versant dans des moules de plâtre convenablement préparés la matière prise à un état de liquidité convenable, décompose rapidement la sulfate de chaux, et forme une cou-

che cristalline qui ne jouit plus d'aucune propriété
absorbante ; il faut , par suite , compter sur une dépense de plâtre dix fois plus considérable que pour
le moulage à la housse. Enfin le mode particulier de
préparation des pâtes, l'attention qu'il faut apporter
au broyage, élèvent dans une proportion assez forte
le prix de la main-d'œuvre.

Dans les conditions ordinaires du moulage sur le
tour, il est impossible de faire rondes les tasses aux-
quelles on veut donner une légèreté approchant de
la coque d'œuf. Quelque légère que soit l'anse, qu'on
peut d'ailleurs faire creuse, la tasse se gauchit du
côté de l'anse, dés que la température du four a
amené le ramollissement de la matière. Pour éviter cet
inconvénient, on cuit les tasses légères à *boucheton*,
c'est-à-dire l'ouverture tournée en bas , reposant sur
une rondelle de porcelaine très droite qui ne peut
servir qu'une fois , puis on polit sur le tour le baril
de la tasse ainsi obtenu.

Par une disposition d'une simplicité extrême , une
seule rondelle suffit à M. Sazerat pour cuire deux
tasses. Il obtient ainsi l'avantage d'avoir la moitié de
ses pièces cuites avec un pied émaillé et toujours
exemptes de grains ; de plus, ses tasses ont une ténuité qui en double le prix , sans que la réussite en
souffre.

Parmi les articles de M. Sazerat , nous avons vu
une potiche du travail le plus consciencieux et d'une
harmonie parfaite entre les détails et l'ensemble ; une

carafe à bouquets de feuilles et de fleurs mats re-
tombant sur les côtés ; un cornet avec grappes en
pendentifs ; un beau petit vase élancé dont les garnitures laissent voltiger des campanules de jardin qui produisent une décoration de bel effet. La même carafe,
portant des garnitures enroulées, donne naissance à
des fleurs de Gobea formant torchères. Cette pièce,
d'une difficulté réelle, sera appréciée. Le système
de supports employés par M. Sazerat est tel, que la
réussite de cet objet lui est aussi facile que celle de
ses articles de fabrication ordinaire.

Puisque nous parlons de difficultés vaincues,
nous devons signaler d'une manière spéciale une
coupe tournée, dont la tige, mince comme la paille,
supporte trois consoles sur lesquelles repose la vasque ainsi isolée de la tige. Indépendamment de la
difficulté du tournage, il fallait surtout éviter que la
coupe, lorsqu'elle produirait au four son mouvement de détorsion, n'isolât les consoles soit de la
vasque, soit du pied, et de plus, il fallait placer ces
consoles dans une position symétrique.

Il existe au musée de Limoges une pièce semblable
qui vient de Sèvres ; mais elle a été cuite en trois
parties, recollées ensuite par un feu doux. Dans le
système de M. Sazerat, la coupe cuit à un seul feu,
et les consoles sont parfaitement droites. Notre compatriote se propose d'envoyer, pendant le courant
de l'Exposition, un guéridon à trois étages, monté

d'une manière aussi délicate que ces petites coupes,
et cuit à un seul feu.

Le moulage sur nature a fourni le motif d'un beau
baguier. C'est une feuille de choux frisé, supportée
sur une troncature de tige. La branche est enroulée
avec des campanules des champs. M. Lesme pourra,
avec ce modèle, tirer un beau parti de ses peintures
en Palissy.

Nous ne croyons pas devoir insister beaucoup sur
les charmantes boîtes à bonbons qui ont valu à
M. Sazerat les félicitations de Constance Aubert.
Tout Limoges les a admirées, le 1er janvier, dans
les magasins de M. Beaubrun ; mais nous devons
louer sans réserve de beaux biscuits, dont quelques-
uns sont dus au talent naissant de M. Ferru fils,
qui, après un an et demi de pratique, se révèle en
artiste d'avenir.

La pâte de ces biscuits, déjà fort belle, est rendue
plus délicate encore par une addition d'une certaine
quantité de silicate de magnésie trouvé dans le
pays. Ce mélange augmente sensiblement l'onctuo-
sité de la pâte sans en altérer la plasticité.

Enfin, pour terminer [1], mentionnons encore un

---

[1] Au moment de mettre sous presse, nous apprenons que M. Farge
vient de se décider à exposer. M. Sazerat lui a gracieusement cédé
une place dans le compartiment qui lui est réservé, et, en retour,
notre habile artiste a décoré diverses pièces exclusivement sorties
des ateliers de son jeune ami.

En première ligne, citons une potiche de 1 mètre de hauteur, sur coffret sur lequel repose un faisan, un autre qui supporte une jeune fille, dont le torse est parfaitement modelé et se montre à nu. Un troisième a pour

laquelle M. Farge a déversé à flots toute la richesse de son imagination. A travers des touffes de fleurs des nuances les plus fraîches et des tons les plus vrais, l'œil aperçoit des groupes de nymphes qui se perdent et se fondent, pour aini dire, dans le lointain. Ce dessin est d'un vaporeux, d'un effet que l'on comprendrait difficilement sans l'avoir vu.

Puis vient une potiche de plus petite dimension, dont le fond bleu est rehaussé par des pampres d'or. Sur le col de cette pièce se détache une guirlande de roses dont chaque fleur est une miniature. Pour montrer la beauté de sa palette, l'artiste a donné à chacune d'elles une nuance différente, et ces nuances font de son bouquet un magnifique spécimen de toutes les variétés de cette reine de nos jardins.

Mais comment décrire la grande coupe, qui est, à nos yeux, la pièce principale de l'exposition de M. Sazerat?

La vasque, qui a plus de 6 pouces de diamètre sur à peine 1 pouce de hauteur à son centre, a la ténuité d'une soucoupe de Sèvres, et cependant, ni le poids de la main de l'ouvrier, ni le travail de la cuisson n'en ont gauchi les contours. C'est un chef-d'œuvre de légèreté, et le talent de M. Farge en rehausse encore la valeur.

Puis viennent des tasses légères comme la coque de l'œuf, sur lesquelles des oiseaux au brillant plumage voltigent au milieu des fleurs; un service de platerie décoré dans un genre tout a fait nouveau, et enfin une série d'articles courants. M. Farge a compris que, dans une exposition, il fallait présenter à côté des œuvres d'art du bon à bon marché, et il offre au jury des choix charmants dans ce genre.

Certes, l'exposition de Limoges était déjà bien riche, mais on peut dire sans crainte que les efforts combinés de MM. Farge et Sazerat ont ajouté un nouveau fleuron à notre couronne industrielle.

ornement un petit enfant qui mange une tartine. Ce petit sujet est exécuté dans un sentiment qui assure à l'avance la réussite commerciale de l'objet.

La fondation de l'établissement de M. Sazerat remonte au mois de mai 1852. Il occupe une moyenne de cinquante personnes. Le minimum du salaire des journaliers est de 1 fr. 40 c. et de 1 fr. 60 c. pour les hommes employés au four. Le maximum des hommes employés à la journée est de 5 fr. 50 c. Les ouvriers à leurs pièces gagnent de 5 fr. à 2 fr. (Ces prix ne comportent pas les honoraires du modeleur.) Les femmes employées à l'émaillage sont toutes payées uniformément à 1 fr. Les mouleuses ont été remplacées par des jeunes gens qui gagnent de 3 à 2 fr. par jour de travail.

L'établissement consomme annuellement 1,550 stères de bois ; 55,000 kil. de matières à porcelaine, pâtes et émail ; 87,000 kil. de terres et sables réfractaires ; 10,200 kil. de plâtre de Paris. Le chiffre net de la porcelaine fabriquée s'élève à 90,000 fr.

M. NIVET.

Prononcer le nom de M. Michel Nivet, c'est rappeler une longue et laborieuse carrière couronnée par le succès. M. Nivet est un des doyens de l'industric de la porcelaine, et sa maison est une des plus importantes et des plus honorables de Limoges.

Il se présente à l'exposition avec une spécialité qui résume les études qu'il a faites toute sa vie sur l'économie dans l'emploi du combustible. Son lot ne se compose que de porcelaines de sa fabrication courante, mais elles portent cette mention particulière, qu'elles ont été cuites en *trente-deux heures, sans débraiser*.

Pour bien comprendre la valeur de ces mots, quelques explications sont nécessaires. Nous les empruntons à **M. Nivet** lui-même.

« **En avril 1826**, dit-il, je m'établis fabricant de
» porcelaines. Six mois après, je reconnus qu'on
» consommait beaucoup de bois ; il est de fait que, à
» cette époque, on donnait aux encasseteurs le char-
» bon provenant de la combustion du bois, ce qui
» devait nécessairement les engager à en brûler
» beaucoup. Je ne tardai pas à avoir une économie
» d'environ quinze stères par fournée, soit pour une
» moyenne de soixante fournées, **10,000** francs au
» moins par an.

» Parmi toutes les économies que j'ai apportées
» dans la fabrication de la porcelaine, celle du bois
» y figure pour beaucoup ; et, si je ne me trompe,
» c'est moi qui ai brûlé le moins de bois de tous les
» fabricants de Limoges. Les bénéfices que j'ai réa-
» lisés viennent à l'appui de cette assertion. Depuis
» un an j'ai obtenu une nouvelle économie *en cui-*

» *sant sans débraiser* , et non-seulement je brûle
» moins d'un sixième de bois qu'auparavant, mais
» encore la cuisson est plus belle et plus régulière.
» Cela dépend, ainsi que je l'ai déjà dit, d'une aug-
» mentation de soins dans la conduite de la cuisson.
» J'en ai déjà convaincu quelques personnes qui sont
» venues visiter mon établissement. [1] »

[1] La publication de cet article dans *le 20 Décembre* a donné lieu à la note suivante que nous nous empressons de reproduire :

Les intéressants articles publiés dans *le 20 Décembre* au sujet du nouveau mode de cuisson de la porcelaine, employé par **M.** Michel Nivet, ont soulevé parmi les fabricants une telle diversité d'opinions, qu'il devenait impossible de discerner la vérité au milieu d'elles.

M. Nivet, après avoir annoncé la solution de son problème économique, a, dans un but qu'il ne nous appartient pas de louer, fait généreusement le sacrifice de ses patientes et coûteuses découvertes, et a voulu éviter ainsi à ses imitateurs l'énormité des risques qu'entraîne inévitablement une question aussi sérieuse.

En quoi consiste son procédé, quels sont ses avantages? Voilà toute la question! — Etant donné à un four à reverbère cuire la marchandise qu'il renferme dans un espace de temps déterminé à l'avance, c'est-à-dire dans les dernières limites du minimum ordinaire, avec économie notable de combustible et presque avec assurance contre l'enfumage de la porcelaine.

Dans le procédé ordinaire de cuisson on compte deux périodes : le grand et le petit feu.

Lé petit feu a pour but d'établir un tirage par la raréfaction de l'air contenu dans l'intérieur du four, de détruire l'équilibre naturel des pressions, et de plus de préserver les porcelaines et leurs récipiens de la rupture qu'amènerait une trop subite transition de température.

Il serait donc très onéreux, inutile et imprudent d'employer à cette opération préliminaire des bois trop refendus; mais il est

Un grand nombre de nos lecteurs ignorent sans
doute ce que signifie le mot *débraiser*. Voici ce que
nous pouvons leur dire : le bois destiné à la cuisson

avéré aussi que l'emploi des souches brutes est préjudiciable en
raison de la difficulté avec laquelle les gaz combustibles se font
jour à travers un tissu ligneux, compact, prompt à se carboniser, et
dont la masse trop lentement réduite par l'oxigène ne fait qu'obstruer les alandiers.

M. Nivet, après avoir fixé la dimension de son bois de petit feu,
ferme les orifices inférieurs de ses alandiers, et arrive au grand feu
sans autre soin que celui de les alimenter régulièrement, d'une manière qui se résume à ceci :

Obtenir une combustion facile en fournissant au combustible une
quantité suffisante d'oxigène pour transformer en acide carbonique (CO_2), le carbone à mesure qu'il se produit, et pour forcer l'a-
cide carbonique lui-même à donner, en présence de l'hydrogène dé-
gagé par le bois, naissance à un produit également combustible,
l'oxide de carbone (CO_2). Cette condition indispensable est trop négligée dans le système ordinaire ; il en résulte un engorgement des
bouches à feu par la braise, qui, nécessitant le débraisage, occasionne la déperdition d'une portion du calorique produit, d'une
partie du principe comburant et du principe combustible.

Cette question résolue, les parois intérieures du four, graduelle-
ment et uniformément échauffées, arrivent à l'incandescence sans
qu'on soit obligé de pratiquer l'opération pénible et dangereuse du
forcement depuis longtemps abandonnée à la manufacture de Sèvres. Il suffit alors d'entr'ouvrir les orifices latéraux des alandiers,
pour activer la réduction du carbone et dispenser uniformément le
calorique latent dans la capacité chauffée.

C'est alors que commence le grand feu. Cette partie de l'opération, quoique simple en apparence, est d'autant plus importante que
c'est d'elle que dépend la réussite de la fournée ; c'est sur elle aussi
que porte une grande partie de l'économie réalisée par **M. Nivet**. La
conduite du grand feu exige une suite non interrompue de soins ba-
sés sur les influences diverses qu'exercent sur le tirage des fours la
dessication plus ou moins avancée des combustibles, les variations

de la porcelaine est jeté dans des alandiers dont le nombre varie entre quatre et cinq pour chaque four. Là, il se consume rapidement et, dans l'état ordinaire des choses, il forme un résidu de braises assez considérable. Ces braises finissent par obstruer les alandiers, ralentissent la circulation de l'air et diminuent considérablement la force du tirage. Les chauf-

atmosphériques, et l'état hygrométrique de l'air, qui toutes nécessitent autant de pratiques différentes, pratiques que l'observation peut seule indiquer, et pour lesquelles aucune marche ne peut être tracée.

Invité par la bienveillance de **M. Nivet** à suivre les diverses phases de la cuisson d'une fournée de porcelaine, dont la durée avait été annoncée devoir être de vingt-neuf heures, nous avons constaté avec satisfaction la régularité de ses manœuvres et la vérité de son assertion. C'est aussi avec un véritable plaisir que nous affirmons que la marchandise de cette fournée était d'une parfaite et très satisfaisante régularité de cuisson, et les files de feu aussi intactes que celles qui étaient le moins exposées.

Enfin nous avons expérimenté nous-même une première fois (28 mai 1855), sur notre propre four, le procédé de **M. Nivet**, et nous devons déclarer que l'économie de combustible a été réelle, qu'il n'y avait pas d'enfumage, et que la porcelaine est sortie des gazettes beaucoup plus blanche, mieux *lavée* et plus également cuite d'habitude. L'émail qui *coque* quelquefois présentait une belle glaçure et parfaitement unie. Enfin les gazettes étaient dans un état de conservation des plus satisfaisants.

Puisse la fabrication limousine se rendre à l'évidence de résultats, dont l'importance n'a pas échappée à nos voisins de la **Nièvre**, du **Cher** et du **Berry**, et rendre justice tant à la découverte qu'à la conduite désintéressée de notre honorable confrère.

L. SAZERAT,

Fab. de porcel., memb. de la Soc. archéolog.

feurs sont, par conséquent, obligés de retirer souvent ces braises et de dégorger les orifices. C'est là ce qu'on appelle débraiser, et le produit de cette extraction est vendu pour les usages domestiques sous le nom de charbon de porcelaine.

On conçoit facilement que, plus l'alandier fournit de ces braises, moins il y a de profit pour le fabricant, puisqu'il se produit une grande déperdition de calorique, et qu'il faut plus de bois pour obtenir le résultat proposé.

Considérée à ce point de vue, l'exposition de M. Nivet mérite une attention sérieuse. La question du combustible prend chaque jour une gravité nouvelle, et pour lutter avec avantage avec la concurrence que nous font les fabriques voisines, il est de l'intérêt de tous d'arriver promptement à de grandes améliorations dans la conduite des fours.

La maison Nivet occupe en moyenne cent ouvriers et vingt-une ouvrières. Le salaire le plus élevé des premiers est de 3 fr. 50 c., et le plus bas de 1 fr. 75 c. Les ouvrières gagnent de 2 à 1 fr.

Elle consomme, par année, 260,000 kil. de pâte, 46,000 kil. d'émail, 360,000 kil. de sables et de terres réfractaires, 4,600 stères de bois. Le chiffre annuel des affaires est de 240,000 francs.

MM. PATURET ET PARVY.

Si jamais il était nécessaire de démontrer l'utilité
des écoles industrielles dans les centres de fabrication, ou d'attirer sur elles la bienveillante attention
des administrations locales, il suffirait, nous en
sommes convaincus, de leur montrer des produits
analogues à ceux qu'expose un ancien élève de
l'école municipale de Limoges, M. Parvy.

La maison Paturet et Parvy, dont cet artiste est
l'un des chefs, se présente avec une remarquable
collection d'articles manufacturés, dont quelques-
uns sont le produit du talent spécial de M. Parvy.
On devine que nous voulons parler de ces ravissantes
fleurs en bouquets dont nous avons déjà été assez
heureux pour faire une première fois l'éloge dans ce
journal. Nous avons parcouru attentivement toutes
les parties de l'exposition de la porcelaine; nous
avons admiré presque partout des produits exceptionnels pour la beauté de la matière, la hardiesse
ou l'élégance de la forme et la valeur artistique;
mais nulle part nous n'avons vu rien d'aussi délicat,
d'aussi frêle, nous dirions presque d'aussi aérien.

Les fleurs de M. Parvy sont plus que de l'art,
c'est du sentiment; il faut que cet artiste ait dans les
doigts une souplesse particulière, dans le tact une

finesse exquise pour modeler des formes aussi fragiles. Le kaolin donne une pâte courte, difficile à manier; M. Parvy l'assouplit et la force à se soumettre à tous ses caprices. Et qu'on veuille bien remarquer que nous ne parlons pas ici de la ténuité extrême de ses feuilles et des pétales de ses fleurs; ce sont des surmoulures très bien réussies sans doute, mais dont on connaît depuis longtemps les procédés; nous avons surtout en vue la grâce avec laquelle il courbe ses tiges, groupe les fleurs et enlace les uns dans les autres ses branchages, qu'il enroule ensuite sur ses vases ou autour de ses coffrets.

On aura une preuve frappante de ce talent de M. Parvy dans un bénitier formé d'un nid d'oiseau, porté par des tiges de fuchsias et surmonté d'une rose épanouie; dans un bouquet d'héliotrope, qu'il faut regarder à la loupe pour sentir les finesses du modelage; dans une corbeille garnie de dentelles et couverte de fleurs.

Les boîtes à bijoux de MM. Paturet et Parvy sont surmontées d'oiseaux en biscuit dans l'attitude de combat ou gracieusement posés dans leur nid. Les détails de ces oiseaux et les accessoires qui les entourent sont traités avec un soin extrême et beaucoup de fini.

Au milieu des carafes et des potiches de toutes formes qu'exposent ces industriels, où dont quelquesunes sont enrichies de sujets de chasses en relief, on s'arrête avec complaisance sur deux jolies paires de flacons à sujets, d'une forme originale, et sur une potiche-urne d'un beau style.

Si toute l'exposition de Limoges ne se faisait remarquer généralement par la blancheur et la translucidité de la pâte, nous nous étendrions volontiers sur le service-Sèvres et la plâtrerie de cette maison. Elle a entre autres trois saladiers qui mériteraient une attention spéciale, tant la porcelaine est égale et bien *lavée*.

La maison Paturet et Parvy n'existe que depuis un an. Dans les six derniers mois elle a occupé soixante-dix personnes dont la paie est en moyenne de 43 fr. par mois.

Elle a consommé, dans le même espace de temps, 54,600 kil. de pâte, et 4,300 kil. d'émail. Elle a fait vingt-cinq fournées du produit de 50,000 francs.

Mme VEUVE THARAUD.

Après celle de MM. Alluaud, la maison Tharaud est la plus ancienne de Limoges. Elle a été fondée en 1822, et n'a jamais cessé le cours de ses opérations. M. Pierre Tharaud, qui l'a créée, était le vingtième enfant d'un officier supérieur de gendarmerie ; il entra très jeune dans l'usine de M. Baignol, en qualité de tourneur en porcelaine, et plus tard il alla se perfectionner à Paris. Son intelligence le fit prompte-

ment remarquer, et il devint successivement directeur et fondateur de diverses fabriques. A la fin de
l'Empire, MM. Alluaud, ses compagnons d'enfance,
lui confièrent l'administration de leur établissement,
et il resta chez eux jusqu'en 1817, époque où il
s'établit sur la route de Paris, dans l'ancienne manufacture royale.

En 1822, il fit bàtir la fabrique actuelle, et, en
1823, il y reçut de l'Exposition générale une mention honorable pour la beauté de ses produits

M. Tharaud avait été un ouvrier habile; il s'attacha d'une manière spéciale à former des élèves dignes de lui, et l'on cite encore à Limoges les tourneurs qu'il a dressés. L'émail qui se fabriquait aux
environs lui paraissait défectueux; il chercha à le
perfectionner, et, sans autre guide qu'une vieille
expérience, il obtint de très beaux résultats. En
1839, il reçut une nouvelle mention honorable pour
avoir tiré un grand parti, dans la construction des
tuyaux de conduite pour l'eau ou le gaz, des terres
non réfractaires dont les gîsements sont dans les environs de Limoges.

M. Tharaud est mort en 1843, après une honorable, mais laborieuse carrière; il a donc pu, avant
de fermer les yeux, voir le développement de cette
industrie, à la prospérité de laquelle il a tant contribué par lui-même et par ses élèves.

Sa maison, aujourd'hui dirigée avec une haute
intelligence par Mme veuve Tharaud, n'envoie à

l'Exposition que des articles de sa fabrication courante.

Elle se compose d'une série de services de table,
forme Sèvres, à soupières ovales et à soupières rondes ; de deux cabarets-Sévres, connus sous le nom
de cabaret-boule et cabaret-balustre, dont la vogue
est considérable ; de *tasses-boule* d'une forme élégante
et de tasses dite mousselines, modèle Sèvres, à thé
et à café. La pièce principale de cette exposition est
un bol ordinaire de dix-huit pouces de diamètre,
tourné à Sauviat par M. Martin, élève de M. Pierre
Tharaud, avec une grande précision et une parfaite
égalité ; il est dignement accompagné par de beaux
plats ronds de huit à douze pouces de diamètre.

La réputation de la maison Tharaud pour la fabrication du service de table est assez solidement
établie, pour que nous soyons dispensés de faire
l'éloge de son exposition et comme blanc et comme
forme. Cependant nous devons insister sur la légèreté et la parfaite rondeur de ses jolies tasses à café.

La maison Tharaud occupe trente-six tourneurs
français et neuf tourneurs anglais, de 4 à 6 fr. ;
dix-huit mouleurs, de 3 fr. 50 c. à 5 fr. ; douze
mouleuses et garnisseuses, de 1 fr. 50 c. à 2 fr. ;
et dix-huit émailleurs, de 75 c. à 1 fr. 25 c. Les
enfourneurs ont 100 fr. par mois, les englobeurs et
émailleurs, 70 fr., et les journaliers un salaire qui
varie entre 1 fr. 30 c. et 1 fr. 50 c. On compte
environ deux cents ouvriers.

La consommation de cet établissement est, par année, en pâte, de 300,000 kil. ; en émail, 48,000 kil. ; en terre réfractaire, 480,000 kil., et en bois, de 8,400 stères. La fabrication annuelle s'élève, par année, à 300,000 fr.

La fabrique de Sauviat dont Mme veuve Tharaud écoule les produits, fournit à la consommation pour 250,000 fr. de porcelaine et occupe environ cent soixante ouvriers.

MM. PONCET ET ARDANT.

La maison Poncet et Ardant n'envoie à l'exposition que deux paires de grands vases, modelés à Paris et d'une belle forme.

Les plus grands ont pour pendentifs des natures mortes, traitées avec beaucoup de délicatesse et de goût. Les autres portent des enroulements de fleurs élégants et gracieux.

Le grand vase qui a une hauteur totale de 1^m 40 a été cuit d'une seule pièce ; il réalise par conséquent une difficulté vaincue. Il est très difficile, en effet, de réussir en porcelaine une grande pièce d'un seul bloc. Il faut à l'ouvrier beaucoup d'adresse et une attention soutenue, pour que la pression inégale de la main ou du tampon n'en bossèle pas le corps ; au feu elle est exposée à gercer ou à fendre ; l'émail s'étend difficilement ; à la cuisson il arrive souvent

qu'il s'écaille ou se boursoufle. A ce point de vue,
les vases émaillés envoyés par MM. Poncet et Ardant
sont irréprochables.

La fabrication de la potiche est une spécialité de
cette maison, qui possède peut-être le plus habile
tourneur de la province, M. Auguste Poncet.

Cet artiste a une sûreté de coup d'œil qui lui
permet d'embrasser spontanément toutes les parties de
son travail et de le diriger avec certitude. A mesure
que la potiche s'élève sur le tour, l'ouvrier est obligé
de la soutenir et d'en suivre le développement en la
comprimant avec la paume de la main. Il arrive
souvent, dans cette partie de l'opération, que le
petit doigt s'imprime dans la pâte et y dessine une
spirale qu'il est impossible de faire disparaître. On
dit alors que la potiche est *vissée*.

Les pièces de M. Auguste Poncet sont parfaitement lisses et sans arêtes, les contours en sont
exactement symétriques par rapport à l'axe et l'ondulation du col est toujours très gracieuse.

Il serait donc fâcheux que MM. Poncet et Ardant
persistassent à borner leur exposition à leur quatre
vases et qu'ils n'y joignissent aucune potiche. La
maison Ruault, qui exploite ce genre avec eux,
n'exposera pas; il n'y aurait donc à Paris aucun spécimen de cette partie de nos produits.

Nous y voudrions voir aussi un cabaret dit *Sébas-
topol*, qui n'est pas cuit encore, et dont les pièces
nous ont paru très élégantes et le modelé très fini.

La maison Poncet et Ardant occupe quarante ouvriers mouleurs et tourneurs au salaire de 5 à 2 fr.;
vingt mouleuses de 2 fr. à 75 c.; vingt-cinq manœuvres payés de 2 fr. 25 c. à 90 c., et vingt ouvrières
femmes de 1 fr. 25 c. à 90 c.

En tout plus de cent ouvriers.

Elle consomme par mois 300 quintaux de pâte et
30 quintaux d'émail. La consommation du bois est
par an de 4,800 stères. Le chiffre des affaires s'élève
à 180,000 fr.

Elle a été fondée en 1828 par M. Poncet, l'un
de ses chefs actuels, sur l'emplacement de l'ancienne
manufacture royale.

M. VALIN.

M. Valin est le créateur de la porcelaine d'art à
Limoges; c'est lui qui, le premier, à l'aide de son
associé, M. Michel, a eu l'idée de sortir du domaine
des services de table pour se livrer à la fabrication
de ces charmants objets de toilette ou de fantaisie
qui sont devenus d'un usage si général.

Ce serait une étude curieuse à faire que de com-
pulser attentivement l'album des croquis de M. Valin, et de suivre pour ainsi dire, jour par jour, la
transformation qu'a subi le goût depuis que sa manufacture existe. En le feuilletant, nous avons
regretté que l'idée qui a présidé à la création du

musée céramique de Limoges n'ait pas été plus déve-
loppée ; il y aurait là, pour l'avenir de la porcelaine, des enseignements précieux, et dont les artistes tireraient un grand parti. Dans ces formes
aujourd'hui oubliées, dans ces vases dont les moules
sont depuis longtemps brisés, on trouverait souvent
des idées charmantes, des sujets originaux qui,
traités avec les modifications qu'imposerait la mode,
pourraient être appelés à une vie nouvelle et devenir
pour celui qui les exploiterait, une source fructueuse
de bénéfices. L'observateur, le savant y suivraient
facilement les progrès de la fabrication, et en comparant les types obtenus à différentes époques avec
les procédés employés, ils pourraient embrasser d'un
regard toute l'histoire de la porcelaine.

M. Valin était artiste ; il créa lui-même des modèles, et, dès le début, le succès couronna ses efforts.

En 1839, il obtint une médaille à l'exposition :
en 1844, le jury du département de la Haute-
Vienne lui décerna une médaille en argent de première classe. En 1845, la ville de Limoges le char-
gea d'exécuter une corbeille en porcelaine qu'elle
voulait offrir à Mme la duchesse de Nemours, et l'on
se rappelle encore la sensation que produisit ce beau
travail. Enfin, il y a un mois à peine, la Société
universelle d'encouragement pour les arts et l'industrie a spontanément élu M. Valin pour l'un de ses
vice-présidents honoraires. Cette société, dont le
siége est à Londres, a pour président S. A. S. le

prince Rohan Rohan, et compte parmi ses membres, outre un grand nombre de notabilités de tous pays, la plupart des agents consulaires que les gouvernements de l'Europe entretiennent dans les Indes et le Nouveau-Monde.

M. Valin envoie à l'Exposition une potiche de près de deux mètres de haut ; cette pièce a pour anses deux cigognes de grandeur naturelle, qui, dans l'attitude de combat, menacent un serpent à demi-caché dans des roseaux. Elle a été cuite en deux pièces ; mais, de l'aveu des personnes compétentes, M. Valin a triomphé d'une grande difficulté en obtenant d'un seul jet, la panse et le pied de ce vase. Cette potiche a été décorée avec goût et richesse par un peintre de talent, M. Mounier, à qui nous reprocherons aussi de n'avoir rien exposé. Malheureusement, elle a reçu à la moufle un coup de feu qui l'a fait fendre. Cet accident ne peut, du reste, ôter rien au mérite de la réussite.

A côté de cette potiche, M. Valin placera une Vierge présentant son Fils au monde. Cette statue, aux deux tiers de la grandeur, est en ce moment au four. Le modèle nous en a paru bien senti ; les les draperies sont jetées avec sentiment et sans confusion. Les amis de M. Valin disent beaucoup de bien de deux candélabres à plusieurs branches, à sujets historiés, œuvre de M. Valin fils, et d'un beau lustre que décore M. Mounier, et qui est construit de manière à servir à l'éclairage au gaz ou aux bougies.

Autour de ces grandes pièces seront groupés divers sujets en biscuit, dont la plupart sont équestres : nous mentionnerons d'une manière particulière un Arabe combattant un tigre, un cheval en liberté, un beau lion luttant contre un serpent.

En dehors de cette partie artistique de ses produits, M. Valin offrira au jury une foule de petits sujets de fantaisie, de fabrication courante, et à des prix réduits ; de beaux services de table ronds et ovales, les uns en blanc, les autres avec quelques décors.

Tous ces objets sont d'une bonne exécution, de prix modérés, et par conséquent d'une vente facile.

La maison Valin et Berthoud occupe annuellement soixante ouvriers tourneurs, mouleurs et gazetiers, payés de 2 à 5 fr.; huit élèves mouleurs, de 1 à 2 fr.; vingt-cinq mouleurs et garnisseurs, de 1 fr. 50 c. à 2 fr. 50 c.; huit élèves mouleuses, de 50 c. à 1 fr.; quarante journaliers, de 1 fr. 40 c. à 2 fr. 25 c.; et douze retoucheuses, de 90 c. à 1 fr. 10 c.; en tout cent cinquante-cinq personnes.

Elle consomme 180,000 kil. de pâte à porcelaine, 13,000 kil. d'émail, 465,000 kil. de terres à cassettes et sables, et environ 4,800 stères de bois. Elle a deux fours, l'un de 4^m 44, et l'autre de 4^m 13. Le chiffre des affaires est d'environ 175,000 fr. La raison sociale est *Valin et Berthoud.*

MM. DUBOIS ET JOUHANNEAUD.

A l'exposition de **M.** Haviland, la foule se pressait devant deux buires isolées, cuites en biscuit, de grandeur exceptionnelle; il n'y avait, sur tous les visages, qu'un seul sentiment, celui de l'admiration, tant la facture en était belle, le modelé riche, bien traité. Le sujet adopté était une aiguière du style de Lepautre, et l'artiste a tiré admirablement parti de la forme rebondie de ce vase. Sur le derrière du col il a placé un corps humain couché sur le dos qui, de ses bras renversés, l'enlace sans efforts; il a pris pour former les anses des rinceaux qui, par une courbe hardiment jetée, retombent sur les flancs de la buire, enlacent un second corps humain placé en avant et au-dessous du bec, et reviennent s'épanouir en larges feuilles sur le vase, où leurs nervures principales forment saillie. Sur cette saillie, se déroule un bacchanale antique, composé d'une foule de personnages en relief. Il est impossible de décrire le mouvement qui agite ces figures, la variété des groupes, la beauté des attitudes, le fini des draperies. Le pied est formé par trois cariatides qui se touchent par le dos et reposent sur un socle carré. Tout est traité avec la verve des artistes italiens, avec la richesse du style grec, la grâce que l'orfèvrerie moderne donne à ses produits.

Ces deux buires sont l'œuvre d'un des meilleurs élèves de Duponchel et de Froment Meurice, M. Constant, dont le nom a une belle réputation à Paris et en Angleterre, et que la maison Dubois et Jouhanneaud s'est attaché depuis quelques années.

Seul, M. Constant a conçu et exécuté ces vases ; tout, dans la composition, est de lui ; c'est sa pensée qui a modelé les personnages ; c'est son souffle qui leur donne la vie et c'est à peine s'il a laissé à un de ses amis, M. Schœnwerck, artiste de talent, le soin d'en terminer les figures.

M. Constant est encore l'auteur d'un pot à bière flamand, tout aussi beau dans son genre que les deux buires ; c'est une orgie allemande. Les personnages, sculptés en bosse, portent le pittoresque costume du temps d'Albert Durer ; des guirlandes de feuilles de houblon encadrent la composition. Nous regrettons que cette création n'ait pas été offerte au public de Limoges ; il aurait vu ce que peut l'art lorsqu'il est traité pour lui-même et sans préoccupation industrielle.

Ces pièces font partie de l'exposition de M. Dubois, qui, nous ne savons pour quelle raison, s'est fait inscrire au nombre des exposants que présente Paris.

Nous regrettons cette détermination, car Limoges y perd un des fleurons de sa couronne. M. Dubois lui appartient; c'est parmi nous qu'il s'est fait connaître, et s'il a élargi, au sein de notre industrie, la voie nouvelle qu'avait frayée M. Valin, c'est qu'il y a été vivement encouragé par les éloges de tous.

Son exposition aurait donc été accompagnée à Paris par de nombreuses sympathies, et si, comme nous l'espérons, il obtient le succès qu'il mérite, tous ses concitoyens, en accueillant avec joie son triomphe, en auraient doublé la valeur. A Paris, au contraire, il ne trouvera, nous le craignons, que le silence et l'isolement plus triste encore que le silence.

M. CHABROL.

M. Chabrol a suivi MM. Valin et Dubois dans la fabrication de la porcelaine d'art ; mais le premier, il a appelé à lui, de Paris, des artistes de mérite. L'art, dans la fabrication, lui doit ainsi une impulsion nouvelle. Il exploite concurremment le service à thé et la statuette, et son exposition présente un beau spécimen de ces deux parties de son industrie. Nous allons essayer de les étudier séparément. Nous commencerons par les statuettes.

Il y a, pour les fabricants, nous l'avons déjà dit, deux manières d'envisager une exposition. Les uns ont pour but de montrer ce que l'on peut faire, les autres ce que l'on fait. M. Chabrol s'est décidé pour le second système; il n'a voulu employer aucun moyen extraordinaire pour ses objets à exposer, et faire ainsi des frais de travail impossibles dans l'avenir. Le but qu'il a constamment poursuivi étant de produire du biscuit d'art accessible à toutes les fortunes, il vient présenter au jury les résultats qu'il a obtenus, soit comme fabrication, soit comme prix de revient.

Son exposition se compose d'environ quarante paires de statuettes entremêlées de sujets isolés. Presque toutes sont dues au talent de M. Firmin, habile statuaire, qui depuis près de neuf ans est l'interprète de ses idées. Ces biscuits n'ont pas le fini de Sèvres, M. Chabrol n'a pas la prétention de rivaliser avec la manufacture impériale ; mais tous ont un caractère particulier, un cachet qui leur est propre et qui révèlent un goût sûr dans le choix, et de la part de l'artiste de sérieuses études jointes à un grand talent d'observation.

Ainsi, le Moissonneur des marais pontins n'a point la même physionomie que le Majo de Séville. On devine Boucher dans les statues du style Louis XV, Alex. Dumas dans les Mousquetaires. Un caractère calme et religieux imprime une grande noblesse aux traits de Pie IX, tandis que l'amour maternel se reflète dans de ravissantes statuettes de mères jouant avec leurs enfants. « C'est senti : » disaient les artistes à l'exposition de M. Haviland, et, par ce mot, ils jugeaient et appréciaient cette fabrication. On remarquait surtout, dans ces groupes, une jeune indienne à la coiffure étrange, dont le visage, incliné sur son bras arrondi, est empreint d'une douce mélancolie et rappelle la Vierge des dernières amours de Châteaubriand ; une reproduction de la fiancée de Greuze est rendue avec une intelligence profonde. Nous citerons encore un bénitier formé par un groupe de deux anges au pied de la croix. L'un d'eux semble élever jusqu'au trône de l'Eternel les prières des humains ; l'autre, en posant le doigt sur le bois sacré, le montre à l'homme comme sa fin dernière. L'exécution est belle, mais la pensée l'est plus encore.

Que si ensuite on examine les prix que M. Chabrol a donnés à la commission départementale, on sera surpris de leur excessive modicité. Un groupe mousquetaire, de 55 centimètres de hauteur, n'est coté que 25 fr. ; c'est moins qu'un plâtre de Susse. Ses prix suivent la progression décroissante de la hauteur des statuettes ; enfin, il y a tout un monde de charmants petits enfants pittoresquement habillés en débardeurs, troubadours, soldats de la république..., cotés de 5 à 4 fr. la paire.

Ainsi, les dames peuvent désormais garnir pour rien leurs étagères.

M. Chabrol n'expose qu'un cabaret ; mais cette création suffirait à elle seule pour former le lot d'un fabricant. Là aussi, il a voulu prouver qu'on savait faire à Limoges bien et à bon marché, qu'ou entendait assez la manipulation pour donner à la pâte toute la ténuité dont elle était susceptible, toute la légèreté qu'on prise tant dans la porcelaine.

Ce service, composé de dix-sept pièces, est en biscuit, à anses et culots émaillés ; chaque tasse, aussi émaillée à l'intérieur, porte quatre médaillons, dont deux sont historiés par des bas-reliefs allégoriques à figure. Les sujets des grandes pièces représentent les quatre saisons. Eh bien ! ce service, si délicat qu'on craint de le briser en y portant la main, M. Chabrol le livre à 60 fr.

Ainsi, quand bien même on jugerait avec sévérité les quelques imperfections de détail qu'on peut relever dans ces divers sujets, il faudrait reconnaître encore qu'il est resté fidèle à son programme et qu'il a résolu d'une manière très satisfaisante le problème qu'il s'est proposé. Il a voulu livrer à bon marché des œuvres d'art d'un beau choix ; nous demandons à tous les hommes impartiaux s'il a réussi ?

La maison Chabrol occupe environ cent quinze ouvriers, dont le salaire varie entre 3 à 5 fr., et dix-huit ouvrières, au prix moyen de 1 fr. 50 c. à 2 fr. 50 c. Trente-cinq manœuvres hommes, touchent de 1 fr. 40 c. à 1 fr. 75 c., et dix femmes, de 1 fr. à 1 fr. 50 c.

Elle consomme, par an, environ 2,400 quintaux pâte porcelaine, 300 quintaux émail, 3,400 stères bois et 6,000 quintaux terres et sables réfractaires. Le chiffre de la fabrication est de 160,000 fr. environ.

MM. GIBUS ET C.

La maison Gibus n'existe que depuis quelques mois. En entrant dans cet établissement, on est frappé de l'entente qui règne dans toutes les parties de la construction ; MM. Gibus, Margaine et Redon, les trois associés, ont déployé une remarquable activité pour l'organiser, et ils n'ont demandé au-dehors aucune partie de leur outillage; tout est le produit de leurs efforts. Les nombreux modèles déjà créés sont l'œuvre de M. Margaine, et ils se font remarquer par l'élégance de l'exécution.

Leur exposition se compose de quelques carafes exécutées avec sentiment; d'un service de table composé de pièces rondes et de pièces ovales; de deux services à thé, l'un de forme argent avec de légers ornements, et l'autre uni forme-Sèvres ; enfin, d'un élégant service à toilette, destiné à l'exportation. Tous ces objets, d'un beau blanc et d'une belle cuisson, promettent pour l'avenir de cet établissement.

MM. POUYAT.

MM. Pouyat viennent de convier la ville de Limoges à visiter les produits qu'ils envoient à Paris.

Nous avons étudié ces articles dans leurs détails et nous écrivons sous l'impression qu'ils ont produite dans tous les esprits.

Il est impossible de voir réunir plus de beauté dans la matière, plus de fini dans le travail, plus d'élégance artistique dans la décoration.

MM. Pouyat frères, qui ont conservé la raison sociale de leur père, M. Jean Pouyat, se présentent au double titre d'extracteurs et de préparateurs de matières premières, et de manufacturiers de porcelaine.

La première de ces deux branches d'industrie a été introduite dans leur famille en 1780, et s'y est transmise sans interruption jusqu'à ce jour.

Les carrières dont ils sont propriétaires ont leur gisement à Saint-Yrieix; au clos de Barre, près Saint-Yrieix; à Marcognac; enfin à Chanteloube.

Leurs usines à broyer les matières qui proviennent de ces carrières, au nombre de quatre, sont établies à Limoges, à Parpayat, près Limoges, à Saint-Yrieix et à Saint-Léonard; elles comprennent douze roues hydrauliques de la force de 100 chevaux, treize grandes meules, quatre-vingts petites meules, quatre batteries à pilons, et livrent annuellement à la consommation de 30 à 35,000 quintaux métriques d'émail.

Ils présentent comme échantillons de leurs matières premières des blocs provenant de leurs diverses carrières, et, comme échantillons de leurs matières

préparées, les porcelaines qui sortent de leurs établissements. Le poids des blocs exposés varie de 200
à 300 kilogrammes chaque.

Vers 1800, le grand-père de MM. Pouyat établit,
rue Fontaine-au-Roi, à Paris, une fabrique de porcelaine.

Leur père, en 1842, et eux-mêmes en 1849, ont
repris cette industrie à Limoges et à Saint-Léonard.
La réputation qu'ils se sont faite, les résultats qu'ils
produisent à l'exposition universelle, établissent mieux
que nous ne le pourrions nous-même, la part qu'ils
ont eue dans le développement que la fabrication a
reçue à Limoges.

Le nombre de leurs fours, dont le diamètre varie
de 5^{m}66 à 4^{m}66, est aujourd'hui de cinq.

Le montant annuel de leur fabrication dépasse
700,000 fr.

MM. Pouyat exposent comme fabricants de porcelaines :

1° Leurs articles courants, notamment un service
de table ; un service de table pour l'Amérique ; une
série de tasses et cabarets ; divers articles d'exportation. Tous ces objets sont d'un blanc magnifique et
d'une parfaite cuisson ;

2° Un service de table, émail et biscuit, fait spécialement pour l'Exposition universelle ;

3° Enfin, divers objets en émail et en biscuit, dus
à la collaboration de plusieurs artistes aussi attachés
à leur établissement.

On parlait beaucoup depuis quelque temps dans les fabriques et dans la ville du service que faisaient établir MM. Pouyat ; on avait compris que, propriétaires de magnifiques carrières de kaolin, entourés d'un personnel intelligent, aidés par des artistes habiles, ils ne laisseraient rien sortir de leurs ateliers qui ne fût irréprochable, et l'on attendait avec une vive impatience qu'ils voulussent bien produire leur création. Aujourd'hui ce service est exposé dans leurs bureaux, et, devant un travail aussi riche, devant tant d'élégance et de variété, devant une réussite aussi complète, chacun s'étonne et reconnaît que son attente a été de beaucoup dépassée.

Le but poursuivi par MM. Pouyat était d'appliquer à la porcelaine des formes et des détails plus particulièrement réservés jusqu'à ce jour à l'orfévrerie ; un artiste habile qu'ils se sont attachés, M. Comoléra, s'est associé à leur pensée et l'a rendue d'une manière exceptionnelle. Comme M. Constant, M. Comoléra est un des ornementistes les plus distingués de Paris ; ses œuvres d'art en bronze lui ont valu une médaille à la dernière exposition de Paris et à celle de New-York ; il a résumé dans son travail tout ce que l'orfévrerie peut aujourd'hui produire de fin et d'élégant. Il ne s'est pas borné seulement à ouvrager chaque partie de son œuvre, à en ciseler, à en buriner, pour ainsi dire, les détails ; il a voulu que chaque pièce elle-même eût sa forme propre, particulière ; en un mot, il est sorti des sentiers battus pour entrer dans une voie nouvelle. De jeunes collaborateurs, dignes de toute considération, l'ont habilement secondé dans l'exécution des détails, et méritent, à cet égard, une mention spéciale.

Pour pouvoir faire apprécier cette vaste composition, il faudrait appeler à notre aide l'art du graveur, et encore ne pourrait-on pas rendre d'une manière satisfaisante les effets charmants que produit l'opposition du biscuit à l'émail. On sentirait facilement combien le type choisi par l'artiste est correct, combien ses lignes sont pures ; mais on ne pourrait suivre dans ses détails cette délicieuse broderie, vraie guipure en porcelaine, dont est recouvert tout le service.

La soupière, de forme ovale, est enrichie d'une ornementation qui a permis à l'artiste de produire une forme tout à fait nouvelle d'anses. Le bouton du couvercle est formé par une gerbe de blé. Dans une autre partie de leur exposition, MM. Pouyat ont reproduit cette même soupière dégagée de ses sculptures, et en ont fait un magnifique article de commerce. La gerbe du couvercle se retrouve encore dans les guéridons, véritables édifices aériens qui forment de dignes pendants à la corbeille du milieu, conception hors ligne, dont l'effet est prodigieux. Cette corbeille, travaillée à jour, repose sur un socle élevé que forme un groupe de palmiers, dont les branches retombent en cascade ondoyante

et abritent un groupe de cigognes dans diverses attitudes.

Les plats ovales ont pour arrêtes des courbes gracieuses que recouvre un semis de petits bouquets en
émail d'une extrême ténuité ; ils ont des anses cise-
lées qui permettent de les enlever facilement, et le
fond lui-même est garni d'une rosace dont quelques
parties sont en relief, tandis que les autres, imprimées en creux, permettent d'admirer la beauté et la
transparence de la pâte. Ces plats, de diverses gran-
deurs, sont moulés avec une telle perfection, que
placés les uns dans les autres, ils présentent des
contours exactement parallèles et également distants.
Les rosaces se retrouvent dans les assiettes à manger,
qui portent en outre sur leurs marlis ou sur les ailes
des guirlandes de fleurs en creux et en relief.
Chaque assiette à dessert est un chef-d'œuvre ; rien
n'en égale la légèreté et le fini ; chacune d'elle est
enrichie d'un fruit de grandeur naturelle, dessiné en
relief sur son fond. Ce fruit est en biscuit et se
détache parfaitement de l'émail. Par une coquetterie
charmante, MM. Pouyat en ont pendu quelques-unes
aux croisées : on dirait une lithophanie, tant la
translucidité est complète.

Nous devrions une mention particulière aux cor-
beilles de bout de table, aux compotiers, sucriers,
etc., qui complètent ce service ; mais nous nous
arrêtons de peur d'être accusé de pousser la louange
jusqu'à l'hyperbole.

Cependant nous ne résistons pas au plaisir de parler du service à thé étrusque dont MM. Pouyat exposent quelques pièces. Voilà vraiment une idée originale et qui ne ressemble à rien de ce qui s'est fait. On connaît la forme des vases étrusques : les grandes pièces en sont la reproduction exacte, mais M. Comoléra y a ajouté des anses et des becs d'un modèle tout à fait neuf, et d'un style identique. Les boutons des couvercles sont formés par des statues nubiennes ; des grecques, des attributs et des dessins empruntés aux meilleurs types en complètent l'ornementation. La soucoupe présente une innovation heureuse. Tandis que dans les services ordinaires, le pied de la tasse est caché par le creux de la soucoupe, M. Comoléra profile la sienne de telle sorte que le milieu se trouve au niveau des bords et dégage entièrement la tasse.

Voilà l'œuvre de l'artiste : qu'elle est la part de MM. Pouyat ? Ils ont voulu, disent-ils, appliquer à la porcelaine des formes réservées jusqu'ici à l'orfévrerie. L'opinion publique va plus loin, car elle déclare hautement qu'il est désormais prouvé qu'à Limoges, avec les éléments que contiennent aujourd'hui ses ateliers, on peut faire le service de table aussi bien qu'à Sèvres. En effet, que présente Sèvres : de belles pâtes ? Les kaolins de MM. Pouyat sont, avec ceux de MM. Alluaud, les plus beaux que l'on connaisse. Un soin extrême dans la manipulation ? On sait avec quelle attention ils ont fait épurer et travailler les matières dont ils se sont servis. Le modelage et le tournage? La critique la plus sévère ne peut trouver un défaut aux pièces sorties des mains des ouvriers de MM. Pouyat. La translucidité, la blancheur? Limoges fait aussi blanc que Sèvres, et le service dont nous parlons est le plus blanc de tous. Que reste-t-il donc? le talent de l'artiste? Celui-là, nous venons de le juger.

Nous n'hésitons donc pas à dire que ces honorables fabricants se sont acquis, par leur exposition, un droit sérieux à la reconnaissance du pays. Leur œuvre est la consécration du progrès qui s'est fait depuis quelques années dans l'industrie du pays; avec M. Haviland, nous voudrions dire avec M. Dubois, elle est l'expression vraie de la perfection où nous sommes arrivés, et l'on doit être fier d'un succès qui résume ainsi le travail de tant d'intelligences.

La maison Pouyat a consommé, en 1854, en pâte, 830,000 kil.; en émail, 104,000 kil.; en terres à gazettes et en sables réfractaires, 105,000 kil.; en plâtre, 35,000 kil., et en bois, 17,184 stères.

La fabrication qui, en 1843, était de 278,000 fr., est arrivée progressivement, en 1854, au chiffre de 718,000 fr.

Le personnel des carrières et moulins, en hommes, femmes et enfants, est de deux cent dix; celui des fabriques, de quatre cents, non compris les journaliers employés à l'exploitation et au flottage des bois.

A la porte des bureaux de **MM. Pouyat**, on remarquait d'immenses blocs de houille provenant de
la mine de Bosmoreau, près Bourganeuf. Chacun
des visiteurs a compris la corrélation intime qui, à
un moment donné, existera entre ces produits è la
fabrication de Limoges.

Résumé. — Pour que ce compte-rendu fût complet, nous devrions parler encore de trois maisons
qui se sont fait inscrire au nombre des exposants :
l'association Richroch, la maison Julien et fils, de
Saint-Léonard, et **MM. Peltier et Mailly**. Mais l'exposition de la première n'est pas complètement
terminée, et diverses circonstances nous ont privé
du plaisir de visiter les établissements des deux
autres.

Nous sommes donc obligé de clore ici cette partie
de nos travaux, pour nous occuper des autres industries qui ont exposé.

Nous résumerons nos observations en disant que le
caractère distinctif de l'exposition de Limoges semble
être la beauté du blanc, l'égalité et la transparence
de la pâte, beaucoup de légèreté dans les produits,
une bonne réussite dans la composition et l'application de l'émail.

Diverses pièces hors ligne que nous nous sommes
plu à signaler démontrent, de la part de nos ouvriers,
une grande habileté dans le tournage et le modelage,

et un goût pur et correct chez les artistes employés
dans nos principales maisons. Tout n'est pas irréprochable sans doute ; mais, considéré surtout au
point de vue commercial, tout est bien, très bien
même, et les personnes qui ont visité les expositions précédentes reconnaissent unanimement qu'il
y a dans toutes les branches de la fabrication un progrès sérieux.

Cependant, nous le disons avec peine, cette exposition n'est pas complète ; quelques maisons qui auraient figuré avec honneur dans cette pacifique arène,
se sont abstenues et laissent ainsi dans nos rangs une
lacune regrettable. Ainsi, puisque M. Dubois compte
au nombre des exposants de Paris, aucun de nos industriels ne présentera d'application du bleu et du
vert au grand feu de four. Et cependant la beauté
des couleurs ainsi obtenues par la maison Ruault a,
depuis longtemps, une réputation méritée. M. Ruault
tourne aussi la potiche avec beaucoup de succès ;
pourquoi ne pouvons-nous inscrire sur notre catalogue quelques-unes de ses plus belles pièces en bleu
ou en vert ? MM. Jourde et Delotte ont obtenu aussi,
dit-on, un beau bleu lapis, d'une application facile ;
ce bleu aurait dû avoir sa place à l'exposition, comme le bleu foncé qu'ils obtiennent.

Si M. Haviland ne s'était présenté avec sa pléïade
d'artistes, Limoges n'aurait offert à l'appréciation
du jury que de la porcelaine blanche : aucun peintre n'a voulu exposer. La modestie est une belle

chose, sans doute ; mais elle devient une faute quand elle empêche de se produire des artistes comme MM. Billotey, de la maison Reess ; Parot, de la maison Baillargeaud ; Lissac, Mme de Cool. Pourquoi des industriels comme MM. Mounier, Dufraisseix, David et Cuchet..., n'ont-ils envoyé à Paris aucun de leurs articles ? [1] Nous dira-t-on qu'ils ne font que du courant ? Soit ! Mais encore il eût été bon de montrer comment on travaille le courant à Limoges, et d'établir, pièces en main, qu'à prix égal on y fait tout aussi bien que partout ailleurs. D'ailleurs le concours de toutes ces capacités n'aurait-il eu pour résultat de faire apprécier à la France la valeur des forces productives du département de la Haute-Vienne, que l'on devrait se féliciter d'avoir contribué à lui faire obtenir le rang honorable qu'il mérite dans l'industrie.

C'est là le motif qui nous a engagé à prendre la plume au préjudice peut-être d'hommes plus expérimentés et plus capables que nous ; nous n'ambitionnons pas d'autre mérite, et nous osons espérer qu'en faveur de cette considération, on nous pardonnera et notre faiblesse et les erreurs où nous avons pu tomber.

[1] Depuis que cet article est écrit, M. Farge s'est décidé à exposer, comme on l'a vu page 55.

CHAPITRE II.

IMPRIMERIES, PAPETERIES, LA RELIURE.

I. — LES EXPOSANTS.

MM. MARTIAL ARDANT ET BARBOU DES COURRIÈRES.

Lorsqu'il y a quelques années, la ville de Strasbourg érigea un monument à Gutenberg « ce nouveau Prométhée qui déroba une seconde fois le feu
du ciel, » le célèbre Pradier, pour peindre d'un seul
mot les bienfaits de l'imprimerie, plaça entre les
mains de sa statue une feuille de papier sur laquelle

on lit ces mots de la Genèse : ET LA LUMIÈRE FUT FAITE. Cette pensée a souvent traversé notre esprit en parcourant les vastes magasins qui renferment les produits de MM. Martial Ardant et Barbou des Courrières.

La lumière se fera toutes les fois que des hommes de cœur et d'intelligence voudront, comme l'ont fait ces industriels, consacrer à l'éducation du peuple les facultés que Dieu leur a départies.

L'introduction de l'imprimerie à Limoges remonte à 1494 ; si nous en croyons M. Tramaux-Malhet, le premier livre qui y aurait été publié serait dû à Jean Berson, qui, en 1495, fit une édition du *Breviarium Lemovicense* in-8°.

La maison Barbou vint s'établir en cette ville en 1568.

Avant cette époque et depuis 1524, Jean Barbou, le chef de cette famille, exerçait à Lyon la profession d'imprimeur ; il y avait publié en 1539 la première édition connue des œuvres de Clément Marot. Ce livre, écrit en caractères italiques, d'un texte très correct, se fait aisément reconnaître par cette devise placée en tête et tout à fait dans le goût du temps : *Mort n'y mord*.

En 1594 Hugues Barbou imprima en beaux caractères gothiques et avec rubriques rouges les *Heures de Notre-Dame à l'usage de Lymoges*. Ce livre porte au frontispice la devise : *De Long travail . Fruict et honneur*.

Dès ce moment, la maison Barbou commença cette longue publication des classiques latins qui place son nom à côté de celui des Elzevir et des Etienne. On connaît, en effet, de 1625, une édition des lettres de Cicéron, publiée *Ratiasti Lemovicum apud Ugonem Barboum*, et commentées par Siméon Duboys, *Simeo Bosius, Pretor Lemovicensis* [1].

Elle eut dès-lors, à Paris, rue des Mathurins, une succursale gérée par un des membres de sa famille, qui devint, quelques années après la révolution, la librairie Delalain.

Dans le XVIIIe siècle, l'imprimerie fit de rapides progrès à Limoges; ses premières tentatives vers le commerce de la librairie se manifestèrent par la publication d'une série d'ouvrages qui, connus sous le nom d'*Usages*, font encore partie de notre commerce.

Jusqu'en 1789, cette fabrication ne fit que s'accroître. Limoges comptait alors, parmi les imprimeurs, les *Barbou*, les *Chapoulaud*, les *Voisin*, les *Dalesme* et les *Farne*.

La révolution survint, et la librairie disparut avec le catholicisme, dont elle propageait exclusivement les doctrines [2].

---

[1] Il était alors d'usage que les amis des auteurs leur adressassent des épîtres de félicitations sur le mérite de leurs œuvres. Siméon Duboys publie à la suite de ses lettres quelques pièces de vers signées *Rolland Betoul* et de *Jean Beaubreuil*, ses compatriotes.

[2] Louis Ardant : *Compte-rendu de 1844.*

Elle ne put se relever sous l'Empire, et, pendant cette période de notre histoire, elle n'eut pour objet que les actes des corps administratifs et judiciaires, les affiches de spectacles et la bibliothèque bleue [1].

Cependant elle parvint à reprendre peu à peu son ancienne position. Placée alors au centre des papeteries, pouvant utiliser une main-d'œuvre à bas prix pour l'impression et pour la reliure, excitée aussi par le mouvement social qui commençait à s'opérer, elle put comprendre déjà qu'elle avait à accomplir de vastes destinées.

M. Martial Ardant père contribua puissamment à réaliser cette pensée, et, de 1820 à 1830, la librairie de Limoges étendait ses opérations, franchissait les limites de son ancien marché, et jetait les bases de cette industrie importante qui fleurit aujourd'hui parmi nous. La maison Barbou s'élança dans la même voie, et sut s'y maintenir à la même hauteur.

Comme le firent plus tard MM. Mame, de Tours, nos imprimeurs comprirent que, pour réussir, il fallait avant tout s'adresser à la masse, et que, pour mériter le succès, il fallait livrer à bon marché des livres utiles.

Sous l'empire de cette pensée, l'impulsion la plus active fut donnée à leurs établissements, et, pour suivre la consommation dans toute son étendue, ils ap-

[1] *Statistique de la Haute-Vienne de 1808.*

pelèrent tour à tour à Limoges les presses mécaniques, la stéréotypie, enfin tous les procédés connus
en harmonie avec une grande fabrication En même
temps, **MM.** Barbou et Martial Ardant demandèrent
à des écrivains de talent des livres de piété, d'éducation et de morale, qu'ils éditèrent et qu'ils répandi-
rent à flots, non-seulement en France, mais encore
dans toute la chrétienté.

Ces livres se retrouvent partout, dans les villes
comme dans les campagnes, en Italie, en Espagne,
au Mexique, à La Havane et jusqu'au fond du Ca-
nada.

En dehors de ce travail courant, **MM.** Ardant et
Barbou ont chacun un genre de publication qui leur
est propre. Imprimeurs de l'Evêché de Limoges,
MM. Barbou ont édité récemment une fort belle édition du *Bréviaire* et du *Missel* romains. Ces ouvrages,
corrigés d'après les meilleurs textes, clichés avec un
soin extrême, ont été accueillis avec une grande
faveur et se sont promptement répandus partout où
est adopté le rite latin du catholicisme, et jusque
dans les Etats barbaresques; en même temps ils
offrent aux amateurs quelques beaux spécimens de
reliure riche, qui se retrouvent dans leur exposition.

De leur côté, **MM.** Ardant exploitent avec succès,
à l'usage des maisons d'éducation, des classiques
grecs et latins, qu'ils opposent avec avantage aux
meilleures éditions de Paris.

A ces exceptions près, l'exposition de MM. Ardant et Barbou se compose exclusivement de livres pris au hasard dans leurs rayons. Imprimés sur un bon papier, avec une belle justification, des caractères très lisibles, ces ouvrages, tous de piété, d'éducation ou de morale, se font surtout remarquer par leur excessif bon marché. Ainsi, entre le *Petit Paroissien de l'Enfance*, in-12, avec couverture à la Bradel, dorée, du prix de 5 cent., et l'in-folio relié en toile, avec ornement en or ou en argent, du prix de 9 fr., on trouve plusieurs séries d'in-4° de 6 à 4 fr., d'in-8 de 3 fr. à 90 cent., d'in-12 de 1 fr. 30 à 40 c., d'in-18 de 50 à 30 c., et d'in-32 à 20 cent. Ces livres, qui contiennent tous une ou plusieurs gravures, en noir ou en couleur, sont reliés soit à la Bradel, avec reliefs en or et avec ou sans médaillon, soit en basane avec dorure sur tranche, filets et plaques, soit en demi-reliure chagrinée, de formes et de types différents. C'est surtout dans les livres de piété que l'élégance de la reliure et le bon marché se font remarquer. Ainsi, un paroissien romain illustré, encadré, grand in-32, avec couverture en basane, doré sur tranche, plaqué or, revient à 1 fr. 20 c.; un autre paroissien illustré, in-32, de sept feuilles, en basane gaufrée, varie suivant la richesse de la reliure, de 50 à 90 c.

Tous ces ouvrages sont élégamment écrits et respirent la morale la plus pure. Quelques-uns même, comme *le Robinson des Glaces* et *Allan le déporté*, de

MM. Ardant ; *les Episodes chevaleresques, les Légendes pittoresques*, de MM. Barbou, sont des chefs-d'œuvre de grâce et de sentiment.

MM. Ardant et Barbou mettent au frontispice de leurs livres les armes de leur famille : MM. Barbou, un *dextrochère sur champ d'azur*, portant un épi et une plume en sautoir avec la devise : *Meta laboris honor* ; MM. Ardant, un soleil rayonnant avec la devise : *Omnibus Ardens*. On voit, d'après ce que nous venons de dire, que ces Messieurs ont dignement compris le précepte : *Noblesse oblige*.

MM. Martial Ardant frères exercent leur industrie à Limoges et à Isle. Ils ont un dépôt à Paris (25, quai des Augustins).

Dès 1808, M. Martial Ardant, leur père, jetait les premières assises de leur maison.

Ils fournissent annuellement au commerce de la librairie, en France et à l'étranger, environ 1,500,000 volumes, non compris 300,000 almanachs.

Ils sont les premiers, en France, qui aient employé la force hydraulique comme moteur des presses mécaniques, et qui aient tenté de fonder, loin des villes, un établissement typographique.

C'est à Isle, sur les bords de la Vienne, à quelques kilomètres de Limoges, qu'est le siége le plus important de leur fabrication : trois presses mécaniques, treize presses Stanhope y fonctionnent ; un atelier de composition y a été établi depuis quelques années. Ils consomment chaque année, en moyenne, 15,000 rames papier carré.

Une fabrique de cartons, qui produit 50,000 kil. par an, y est adjointe, et alimente leurs seuls ateliers de reliure.

Ils occupent à Isle, dans l'imprimerie et la cartonnerie, soixante-dix ouvriers.

A Limoges, ils ont un second établissement typographique, qui se compose d'un atelier de composition, d'impression et de stéréotypie, et qui occupe dix ouvriers.

C'est à Limoges que la reliure, le cartonnage, la brochure s'exécutent. Douze ateliers sont alimentés par eux, et ces ateliers, qui travaillent à façon, emploient au moins trois cents personnes.

Un seul atelier de reliure, peut-être le seul en France, fonctionne dans la commune de Panazol, près de Limoges : celui de Mme veuve Soudanas.

Dans ces divers travaux, MM. Ardant occupent donc environ quatre cents ouvriers.

Cinq voyageurs sont constamment en route, en France et à l'étranger, pour faire connaître leurs nouvelles publications, qui, comme la pensée, doivent chaque jour revêtir une forme nouvelle, mais qui, la plupart, s'adressent à la jeunesse de nos écoles et aux fidèles catholiques.

MM. Ardant et Barbou ont obtenu une mention en 1839, et une médaille en bronze en 1844. Cette même année, la ville de Limoges leur décernait une médaille en argent de première classe.

Les ateliers de la maison Barbou sont à Limoges même. Ils contiennent trois presses mécaniques et neuf presses à bras. Des ouvriers spéciaux y travaillent au clichage, qui s'y opère sur une grande échelle.

MM. Barbou expédient chaque année de 1,300,000 à 1,400,000 volumes ; le catalogue des livres de morale qu'ils éditent chaque année est aussi riche que varié.

Ils occupent environ quatre-vingts compositeurs ou imprimeurs et autres ouvriers. Ils font faire à domicile la reliure, qui occupe continuellement cent cinquante personnes, y compris les plieuses et les brocheuses.

Dans ce chiffre ne figurent pas un grand nombre de mères de famille qui ne travaillent qu'à leurs heures de loisir.

Ils consomment par an 16,000 rames de papier.

Limoges compte encore quatre imprimeries.

MM. Chapoulaud frères utilisent trois presses à bras et une demi-presse mécanique, qui suffisent au travail de dix ouvriers. Cette maison fait les travaux administratifs, les ouvrages de ville et spécialement les impressions d'auteur ; elle consomme annuellement 3,000 rames de papier.

L'imprimerie Ardillier père occupe quatre imprimeurs sur deux presses à bras et deux compositeurs. Elle édite annuellement *150.000 Almanachs*, *5,000 Alphabets syllabiques*, *4,000 petits Paroissiens*, *la Bible*, *l'Imitation de Jésus-Christ*; *les Heures*, *la Morale en action*, etc., et consomme 1.000 rames de papier.

En 1827, M. Ardillier père édita *une Histoire populaire de Napoléon*, dont il était l'auteur. Cet écrit fut frappé par la censure. M. Ardillier persista cependant dans sa publication, et aujourd'hui elle a atteint le chiffre de soixante mille exemplaires et sa vingtième publication.

La maison Ardillier fils, indépendamment des travaux administratifs et de ville qui lui sont confiés, fait plus particulièrement encore sa principale spécialité de l'impression des journaux. Depuis quatorze ans, cette imprimerie qui occupe ordinairement dix compositeurs et quatre imprimeurs, a constamment imprimé ou édité tous les journaux d'ordre politiques ou judiciaires qui se sont publiés. Les trois presses qu'elle possède consomment annuellement de 2,000 à 2,500 rames environ de papier.

Le Recueil judiciaire et *le 20 Décembre* sortent de ses ateliers.

La maison Ducourtieux et Cie possède deux presses à bras, un choix de plus de cent cinquante types de caractères différents. Elle emploie habituellement deux imprimeurs et trois compositeurs, et consomme annuellement 600 rames de papier.

Depuis quelques années, elle a édité quelques ouvrages sur le Limousin. Outre l'*Annuaire* qu'elle imprime depuis 1849, et qui se fait remarquer par un classement méthodique et l'abondance des documents qu'il fournit, nous citerons une *Revue archéologique et historique*, *guide du voyageur dans le Limousin*, et un programme d'un cours d'archéologie.

On peut évaluer à *quatorze cent mille francs* la valeur des produits de l'imprimerie à Limoges. C'est quatre cent mille francs de plus qu'en 1844.

LA RELIURE.

La reliure a suivi toutes les phases de l'imprimerie. Avant la révolution on comptait à Limoges trente relieurs qui avaient un grand nombre d'apprentis. « Ces derniers, dit *la Statistique de 1808*, » n'acquéraient jamais l'instruction nécessaire pour » finir un livre propre, parce qu'ils étaient presque » toujours occupés à la *camelotte*; mais ils se dé- » paysaient aussitôt qu'ils avaient terminé leur ap- » prentissage; c'est ce qui fait qu'à Paris, Lyon et » Bordeaux, et dans plusieurs autres villes considé- » rables de France, on trouve beaucoup de relieurs » limousins. »

En 1808, il n'y avait à Limoges que six relieurs, et encore, dit la même *Statistique,* avaient-ils de la peine à se procurer du travail et à vivre de leur état. *L'Annuaire de la Haute-Vienne de 1855* donne le nom de dix-huit ateliers de reliure pour la seule ville de Limoges. Aucun de leurs propriétaires ne s'est décidé à exposer, et nous en sommes réduits à regretter de n'avoir pas l'occasion de faire valoir le talent modeste, mais sérieux, d'habiles ouvriers comme MM. Fournier, Malinvaud, Parvit, Garrigue.....

La basane employée dans la reliure vient en partie de Paris et en partie du Limousin. On préfère les premières quoiqu'elles soient d'un prix presque double, parce qu'on reproche aux produits du Limousin d'être d'une qualité inférieure et de ne devoir qu'au pinceau leur coloration. Celles de Paris, au contraire, sont teintes à la cuve et y sont immergées assez longtemps pour que le cuir soit saturé de couleur.

MM. Ardant et Barbou emploient spécialement les cartonnages à la Bradel et la reliure en toile anglaise. On sait que les gaufrures et les reliefs qui décorent ce genre de couvertures, sont obtenus par de puissantes machines et rehaussés avec de l'or fin ou de l'or d'Allemagne. Les Bradel viennent de Paris; les toiles gaufrées sont imprimées à Limoges par de puissantes et belles machines.

Nous ne terminerons pas cet article sans faire un

éloge mérité des reliures riches de la maison Barbou.
Le velours, l'écaille, l'ivoire en forment la base, et
sont ornés de sculptures délicates et d'ornementations
en or et en argent. On comprend que le texte de ces
beaux livres est imprimé sur un papier superfin,
digne en tout de la gracieuse clientèle à qui il s'a-
dresse.

LA PAPETERIE.

Avant la révolution de 1789, Limoges était renommée pour la fabrication de ses papiers d'impression ; on en faisait des envois considérables en Hollande, à Hambourg et à Lisbonne. L'imprimerie
royale les employait de préférence pour quelques
parties de son service, et partout on les recherchait
pour les éditions précieuses destinées à enrichir les
bibliothèques.

Ces usines fournissaient en outre les papiers *bules*
ou *lombards* qui servent au pliage des épiceries et
autres marchandises. On y fit même, pendant quelque temps, des papiers de timbre et des cartes à
jouer.

Les guerres de la révolution fermèrent tous les
débouchés étrangers, et Paris devînt le seul entrepôt
de cette partie de nos produits. Cependant, en 1808,
le département de la Haute-Vienne comptait encore
quarante-sept cuves placées sur divers étangs, sur

la Vienne, l'Aurence, le Tarn, la Gartempe et la Glane.

Ces quarante-sept cuves fabriquaient l'un dans l'autre 1,300 rames de papier par année, soit un total de 61,100 rames du poids moyen de 7 kilog. et demi.

Elles occupaient pendant deux cent trente jours de l'année cinq cent soixante-quatre ouvriers, y compris les femmes et les enfants occupés à étendre et à plier le papier. La proportion moyenne des salaires, répartie sur toutes les têtes, était de 75 c. par jour. Le chiffre total de la fabrication s'élevait par an à 397,150 fr. et laissait un bénéfice de 72,704.

A cette époque, on citait notamment MM. Georges Pouyat et Chapoulaud pour la beauté de leurs papiers fins à écrire, et M. Roulhac-Rochebrune, pour ses papiers carrés fins d'impression « qui sont supérieurs à tout ce qui s'était fait en ce genre dans les fabriques du Limousin. »

Vers 1834, le département comptait soixante-dix cuves en activité, qui produisaient au moins par jour 500 rames de papier, et qui fournissaient un chiffre annuel d'affaires d'environ *un million.*

Plus de deux cents familles y puisaient leurs moyens d'existence ; plus de trente familles y étaient occupées. — C'était pour le roulage un poids quotidien d'environ 3,000 kil. [1].

----

[1] Louis Ardant : *Statistique de 1854.*

En 1839, M. Laforest écrivait dans *les Nouvelles
Ephémérides de la Haute-Vienne* : « En parlant des
» établissements auxquels la Vienne prête le secours
» de ses eaux, nous nous trouvons naturellement
» amenés à nous occuper des papeteries. Elles sont
» nombreuses, et jouissent d'une réputation aussi
» ancienne que méritée.... Aujourd'hui, les princi-
» paux débouchés de ces papiers sont Paris, Bor-
» deaux et Limoges même, dont les industries en
» absorbent une grande quantité. MM. Roulhac,
» Chapoulaud, Lacoste, Georges Pouyat, Disnema-
» tin-de-Salles, Corret, ont droit à de justes éloges
» pour les soins qu'ils ne cessent d'apporter à cette
» intéressante fabrication.

» La médaille obtenue, il y a quelques années, à
» l'exposition, par M. Roulhac, dut être pour lui
» une récompense d'autant plus flatteuse, que long-
» temps d'avance elle lui avait été décernée par les
» suffrages de ses concitoyens.

» Outre les papiers d'impression, MM. Chapou-
» laud et Georges Pouyat fabriquent des papiers à
» écrire, qui, sans avoir encore atteint la supério-
» rité de ceux d'Angoulême, sont d'une remarqua-
» ble beauté. Il sort encore de nos papeteries beau-
» coup de papier lombard, plus ou moins commun,
» destiné au pliage. »

Ainsi, à cette époque encore, nos papeteries étaient
florissantes et prospères. Cinq ans plus tard, les
choses étaient complètement changées. « A cette

» heure, s'écriait, dans *l'Ordre* du 11 avril 1844, un
» de nos principaux industriels, à cette heure, c'est
» à peine si nous comptons çà et là quelques fabri-
» ques de papier. Elles sont presque toutes inactives
» et désertes ; fabricants et ouvriers ont disparu, et
» les usines, ces valeurs immobilières qui, dans les
» mains de l'industrie, sont une source de richesse,
» ne sont plus qu'un motif de regret et de misère.

» Trois villes importantes, Limoges, Saint-Léo-
» nard, Saint-Junien, ont vu tour à tour s'anéantir
» cette vieille industrie que nos pères nous avaient
» léguée florissante.

» Nous voudrions pouvoir proclamer bien haut
» que, dans cette circonstance, ni notre force, ni
» notre intelligence, ni notre volonté n'ont fait dé-
» faut, et qu'il nous a fallu céder à une de ces néces-
» sités industrielles qui, déplaçant les centres d'action,
» privent forcément un pays de ses anciens avantages
» sans qu'il puisse s'y opposer.

» Mais telle n'est pas notre pensée. Nous dirons,
» au contraire, que l'esprit de routine, la crainte des
» innovations utiles ont triomphé des intérêts du
» pays, et ont paralysé dans nos mains les éléments
» puissants qui s'y trouvaient et qui, nous le disons
» avec plaisir, s'y trouvent encore. »

Quoique bien triste encore, ce tableau a déjà pris,
au moment où nous écrivons, des teintes moins
sombres, et l'on voit déjà poindre pour la fabrication
du papier un avenir plus riant. Une nouvelle indus-

trie, l'emploi de la paille pour la fabrication des
papiers, s'est établie dans la Haute-Vienne et a déjà
reçu d'heureux développements ; en même temps des
papeteries mécaniques s'élèvent autour de Limoges,
et promettent de pouvoir bientôt dépasser les besoins
de la consommation locale.

Il existe aujourd'hui dans notre département, et
notamment aux environs de Saint-Junien et de
Saint-Léonard, quatorze à quinze cuves où se fabrique le papier de paille ; chacune d'elles occupe une
moyenne de dix ouvriers, et toutes ensemble elles
peuvent livrer au commerce 1,500 kil. de papier
par jour, soit pour trois cents jours 450,000 kil.
En outre, cinq fabriques de papier de paille à la
mécanique font par jour chacune 500 kil., soit en
tout 750,000 kil. par an. Ce papier vaut en fabrique environ 28 fr. les 100 kil. ; c'est donc un chiffre
annuel d'affaires d'environ 350,000 fr.

La papeterie mécanique compte deux usines en
activité. L'une, située au moulin du Buis, commune de Condat, appartient à MM. Chapoulaud, et
fabrique de 15 à 16,000 rames de papiers, qui se
vend à Limoges et dans quelques départements
voisins. MM. Thibaut et Defaye ont établi la seconde
sur l'Aurence ; elle est en activité depuis environ six
mois. Enfin, MM. Jouhaud frères en construisent
une troisième sur la Vienne, entre Limoges et Aixe.

Il est à regretter que quelques échantillons du
papier de paille n'aient pas été envoyés à l'Exposi-

tion. Nous en avons vu qui venaient de quelques fabriques étrangères au département et notamment de Paris et de Toulouse, et ils ne nous ont nullement satisfaits. Les uns conservent dans le corps de la pâte des débris de paille, les autres se déchirent au moindre froissement.

Les papiers de Paris sont faits avec la paille tirée de la litière des chevaux. Quoique soumis à un lavage énergique avant la trituration, ils conservent une teinte noirâtre peu flatteuse à l'œil.

Les produits de la Haute-Vienne, au contraire, sont d'un beau jaune, d'une souplesse suffisante et bien purifiés de matières étrangères. La ville de Saint-Junien se fait surtout remarquer par la beauté de la fabrication.

MM. Thibaut et Defaye envoient à l'Exposition cinq qualités de papiers mécaniques, très beaux et très blancs ; l'épaisseur de la pâte est égale partout et l'on ne remarque pas au jour ces espèces de nuages, ces taches blanches, trop communes dans la fabrication ordinaire.

Il y a donc dans cette partie de nos produits un progrès ; espérons qu'en grandissant, il fécondera d'autres industries qui ont pour base le papier et ses divers emplois.

CHAPITRE III.

DROGUETS ET FLANELLES. — FILATURES ET TISSAGES DE LAINE. — LES TAPIS.

———

Sous l'Empire et jusqu'en 1819 , le chiffre officiel de la population de Limoges fut de 20,250 habitants ; de 1819 à 1830, il s'éleva progressivement à 27,070 ; enfin le recensement quinquennal de 1852 le porta à près de 42,000. Il est probable que l'année prochaine l'administration aura à constater encore un nouvel accroissement.

En comparant ces chiffres au développement de l'industrie à Limoges , on est forcé de reconnaître qu'ils ont avec elle une connexité intime. Mais ce serait un tort grave que de les attribuer exclusivement à l'extension de la porcelaine ; il est à Limoges une industrie qui, pour être moins brillante, remue tout autant de capitaux et occupe un nombre égal de bras : nous voulons parler de la fabrication des droguets et des flanelles. Au-dessous de ces deux branches de notre commerce, viennent la cordonnerie et la saboterie, qui réclament aussi une large part dans l'agrandissement de notre cité.

On nous permettra donc d'étudier avec quelques détails l'origine de ces industries.

On ne saurait préciser l'époque où s'introduisit à Limoges et dans le département la fabrication du droguet. Cependant, en considérant que, jusqu'au milieu du xviiie siècle, les métiers des tisserands étaient disséminés dans les campagnes ; que les fils et les laines employés pour les chaînes et les trames étaient filés à la main dans les villages, on pourra la considérer avec raison comme une de ces industries inhérentes au sol et nées avec la civilisation. A Limoges, elle semble s'être établie, dans le principe, aux abords du pont Saint-Martial. Là elle fut longtemps obscure et dédaignée, et elle n'acquit une importance réelle que lorsque Turgot l'eut fécondée par ses encouragements. Ce grand homme avait compris ce principe que les libre-échangistes n'apprécient pas assez, que l'Allemagne a trop méconnu, et que ses économistes cherchent péniblement à faire prévaloir aujourd'hui : qu'il faut surtout encourager la fabrication nationale, alors qu'elle demande au pays et surtout à l'agriculture, les matières premières dont elle a besoin. Les fils de chanvre ou de lin et la laine qu'emploient les fabricants de droguets, leur étaient fournis par le Limousin et par quelques provinces environnantes. Turgot les soutint dans leurs tentatives, par ses conseils d'abord, et ensuite en diminuant leurs impôts [1], et enfin en leur accordant des secours annuels qui étaient pris par moitié sur les fonds libres de la généralité de Limoges et sur la caisse du demi pour cent du commerce de France.

Ses efforts furent couronnés du succès le plus complet. Malheureusement la révolution survint, et, de même qu'il avait anéanti la fabrication de la porcelaine, son souffle dispersa les tisserands et les teinturiers que Limoges avait attirés en grand nombre. Le mal fut même plus grand pour l'industrie des droguets, car, tandis que Limoges compte aujourd'hui dans ses ateliers de porcelaine un grand nombre d'ouvriers qui, par leur intelligence et leur habileté, peuvent lutter avec ceux de l'Angleterre et de l'Allemagne, nos tisserands sont restés dans un degré remarquable d'infériorité. De 1790 à 1800 la décadence des grandes fabriques engagea les tisserands à retourner dans les campagnes, et cette dispersion des métiers, loin de perfectionner l'art, replongea cette industrie dans l'ignorance et dans la voie de la rou-

[1] Sous l'ancien régime, les fabricants de droguets n'étaient taxés d'office qu'à 5 fr. 50 c. par soixante métiers battants.

tine la plus complète et la plus inintelligente. De là vient surtout cette disette d'ouvriers habiles dont nos industriels se plaignent encore si amèrement.

En 1801, il n'existait à Limoges que neuf fabriques de droguets et de flanelles, qui se trouvaient entre les mains de MM. Pierre Laforêt, Joseph Senamaud et Baudet, Noualhier, Juge-Saint-Martin, Morterolles , Delage , Châtain , Gay - Bellile et Châtenet.

Le produit annuel de ces neuf manufactures consistait en mille cinq cents pièces de flanelle qui formaient ensemble 39,000 mètres , et en quatre mille cinq cents pièces de droguet d'une longueur totale de 148,500 mètres [1]. Les droguets étaient le plus souvent teints en gros bleu et en bleu mélangé.

Le chiffre annuel de la fabrication à Limoges des flanelles s'élevait à 91,900 fr. ; celui des droguets, à 222,750 fr., en tout 313,950 fr., donnant un bénéfice net de 42,375 fr.

Le quart des premiers de ces produits, la huitième partie des seconds se consommaient sur les lieux ; le surplus était exporté dans les départements de la Dordogne, de la Charente, de la Charente-

---

[1] La longueur des pièces de droguet était de 33 mètres, et leur largeur variait de 58 à 78 centimètres. Il entrait dans la composition de chaque pièce 3 kil. de fil et 6 kil. de laine. Les pièces de flanelle avaient 26 mètres de longueur sur 89 centimètres de large. Chaque pièce contenait 3 kil. de fil et 5 kil. de laine, et quelquefois 2 kil. de coton.

Inférieure, de la Gironde, de l'Indre, d'Indre-et-Loire, du Cher et de la Loire.

A côté de ces neuf manufactures, il existait à Limoges et dans les villes de Saint-Junien, de Saint-Yrieix et de Saint-Léonard, soixante-quinze petites fabriques employant en moyenne chacune trois ouvriers, et fournissant ensemble mille trois cent cinquante pièces de serges et quatre mille cinquante pièces de droguets.

Les serges valaient 118,125 fr. et les droguets 200,475 fr., soient 318,600 fr., donnant un bénéfice net de 80,068 fr.

Enfin il y avait en outre, dans les campagnes, un grand nombre de métiers épars qui n'étaient tenus en activité que durant la suspension des travaux de la terre. Les tissus que ces métiers livraient à la consommation étaient de qualité inférieure, et cependant leurs produits s'élevaient à près d'un million de francs.

Néanmoins, comme les étoffes que faisaient les tisserands des campagnes s'employaient presque exclusivement dans le pays, et que, par conséquent, elles n'entraient pas dans le commerce, nous ne citerons ce chiffre que pour mémoire, et nous n'évaluerons la fabrication des flanelles et des droguets sous l'Empire, qu'à la somme de 632,550 fr.

Jusqu'en 1825, ce chiffre d'affaires ne progressa pas d'une manière sensible; il faut constater cependant que, par l'intermédiaire du Commerce d'Entrepôt, les produits de Limoges commencèrent dès ce moment à être mieux appréciés sur les bords de la Loire, dans une partie de la Bretagne et de la Vendée.

Alors, en effet, ce commerce qui, pendant plusieurs siècles, avait reçu en dépôt les tissus du Nord et du Midi, se trouvant resserré par les concurrences qui surgissaient de toutes parts, plusieurs maisons profitèrent de leurs anciennes relations pour remettre les articles de Limoges sur des marchés que Roubaix et Chollet approvisionnaient exclusivement. MM. Boyer frères, Mme veuve Laporte et fils peuvent surtout revendiquer à bon droit l'honneur de cette entreprise, et le mérite d'avoir contribué pour une large part à la prospérité de cette branche d'industrie.

En 1839, la fabrication de la seule ville de Limoges était évaluée à vingt mille pièces. — C'était quinze mille de plus que sous l'Empire.

Dans la période de 1844 à 1849, Limoges vit paraître les premières étoffes de fantaisie que le mode poussait alors à fabriquer; elle avait encore peu d'imitateurs dans ce genre, d'ailleurs assez peu développé dans son sein, et la concurrence étrangère ne la stimulait pas assez pour demander à ses producteurs des efforts que l'on croyait superflu.

Mais bientôt d'habiles imitateurs vinrent porter au milieu de nous des produits similaires établis dans de meilleures conditions de filature, avec des ouvriers plus habiles, et, en 1852, Limoges eut à craindre que son industrie ne perdît, en peu d'années. la majeure partie des relations qu'elle avait mis si longtemps à acquérir. — La concurrence fit alors ce que la vieille routine avait redouté d'abord ; le fabricant menacé dans son existence, les ateliers dans leur exploitation, réalisèrent des progrès incessants. Les tissus furent plus beaux, les dessins plus variés, et l'on parvint à coter de 1 fr. 40 c. à 1 fr. 70 c., ce qui, en 1844, avait été établi de 1 fr. 90 c. à 2 fr. Cependant si , malgré cet abaissement d'un quart dans les prix de vente, on vient à comparer les produits des Expositions de 1844 et 1849 à ceux que les fabricants envoient en ce moment à Paris, on est frappé des progrès notables qu'ils ont obtenus, de l'étendue des marchés qu'ils exploitent , du chiffre de leurs affaires.

Depuis trois ans, on peut hardiment porter à plus de 3 millions, pour Limoges seulement, la valeur annuelle des articles-laine livrés au commerce des départements autres que celui de la Haute-Vienne, et, dans cette somme , nous ne faisons pas figurer l'industrie des tapis, dont **M.** Romanet vient de nous doter d'une manière si brillante.

La suite de ce récit fera connaître les difficultés qu'ont eu à vaincre nos industriels pour arriver à ce résultat.

Pendant que la fabrication ne dépasse pas le chiffre de 600,000 fr., les laines du pays et du

Médoc suffisent à peu près à notre approvisionne-
ment. Du moment que les affaires s'étendent, l'insuffisance des matières se fait sentir, et il faut songer
à s'en procurer au-dehors. Le Poitou est, pendant
un temps, une mine précieuse; mais ce marché
nous est bientôt enlevé, et ce sont des négociants de
Limoges qui font connaître à Paris et à Reims ces
laines qui n'avaient jusqu'alors d'écoulement qu'à
Chollet et Limoges.

Il faut aussitôt se créer un marché nouveau qui
livre ses produits à des conditions avantageuses. Les
fabricants de Limoges abordent alors les laines étrangères sur les places de Bayonne et de Marseille, et
font venir à grands frais, avec les prix élevés d'un
roulage de plus de deux cents lieues, des matières
grevées d'un droit d'entrée de 22 %. Malgré toutes
ces entraves, la fabrication marche et ses produits se
vendent de plus en plus.

Qu'il nous soit permis de faire ici quelques ré-
flexions. La loi de douane, qui grève d'un droit de
22 % les laines étrangères, a été rendue dans l'intérêt
de l'agriculture; mais en même temps, elle fixait un
délai au bout duquel, par un dégrèvement successif,
les laines devaient entrer en toute franchise. Ce temps
est expiré; cependant, le droit de 22 % existe toujours, et seules, les laines de l'Algérie ont subi ce
dégrèvement. Les fabricants de Limoges, qui ne sont
dans cette question que l'écho de toute l'industrie
française, réclament contre le maintien de ce droit,

en faisant observer que l'agriculture est tellement en arrière de ces besoins, que la pénurie de la fabrication est si grande, qu'il importe, si on ne veut la voir péricliter, de lui fournir les moyens d'alimenter largement ses métiers.

Ils prétendent, en outre, que ce droit de 22 % loin de venir en aide au Trésor, lui enlève une foule de ressources que lui procurerait le développement de la fabrication.

L'augmentation progressive des recettes de l'administration des postes, malgré l'abaissement du port des lettres, suffit pour démontrer la vérité de cette assertion.

Le gouvernement de l'Empereur est entré dans une voie si libérale ; il a déjà apporté tant de modifications aux lois de douane ; il s'est, en un mot, tellement occupé de la solution du problème de la vie à bon marché, que le commerce de Limoges a la plus ferme espérance de voir ses vœux exaucés dans un délai plus ou moins long. Mais, il nous permettra de le lui demander, est-ce du gouvernement seul qu'il doit attendre le soulagement dont il a besoin, et n'a-t-il pas avant tout à se venir en aide à lui-même ?

Il est peu de pays qui soient aussi bien dotés que le Limousin pour l'élève des bestiaux ; eaux abondantes, pâturages nombreux, sol accidenté ; il réunit toutes les conditions de prospérité, et cependant les lainages qu'il produit sont presque sans valeur ; le croisement inintelligent des bêtes de diverses couleurs, mouchète la toison d'une manière désagréable ; par le défaut de nourriture, la laine se *pique de poil mort*, impropre à la filature ; enfin beaucoup de terres ne produisent que des herbages durs et sans saveurs, parce que nul travail ne leur enlève les eaux qu'elles ont en excès. Pourquoi le commerce ne seconde-t-il pas avec énergie les efforts de l'administration qui, tout récemment encore, a recommandé avec tant d'insistance l'emploi du drainage pour l'assainissement des prairies ; qui multiplie les primes d'encouragement pour l'amélioration de la race ovine ? Pourquoi ne fait-il pas comprendre aux cultivateurs que leurs intérêts sont identiques au sien et qu'ils ont autour d'eux des mines inépuisables à exploiter ? Avant Turgot, Sully disait que « labourage et pâturage *sont mamelles de l'Estat et vrays thrésors du Perou.* » Qu'à l'exemple de ces grands hommes, il demande donc, avant tout, au sol natal les ressources dont il a besoin.

Rouen fournit à la fabrication des droguets les cotons-fils pour chaîne. Ces cotons, d'un poids approximatif de 100,000 kilog. et d'une valeur de 350,000 à 400,000 fr. sont, pour la plus grande partie, teints à Limoges. Il est fâcheux qu'aucun industriel ne porte son intelligence et ses capitaux dans la construction d'une filature de coton. Par la facilité de s'établir sur un des cours d'eau de la Haute-Vienne, il trouverait une grande compensation aux

frais de transport des matières premières et aurait
un débouché facile et lucratif de ses produits. C'est
une lacune regrettable dans notre fabrication limousine que nous espérons voir bientôt disparaître.

Les fils, dont l'emploi décroît sensiblement depuis
l'introduction de la nouveauté dans la fabrication des
droguets, étaient autrefois un important article de
consommation. En 1801, on calculait qu'il se ré-
coltait, dans le département de la Haute-Vienne,
88,000 kil. de lin et 840,000 kil. de chanvre, représentant bruts une valeur de 586,800 fr., et filés,
celle de 970,174 fr. Une partie de ces fils entraient
dans la fabrication des droguets, des flanelles, des
siamoises et des basins, jusqu'à concurrence de
75,720 kil., qui, à raison de 16 fr. le kil., repré-
sentaient une valeur de 211,520 fr. Aujourd'hui,
Paris et les départements du Nord fournissent les
quantités dont a besoin l'industrie. Il y a donc ici
encore à signaler une décroissance dans les produits
agricoles du département. On dit bien que le sol n'est
pas propre à la culture du lin et du chanvre ; mais,
pour pouvoir se faire admettre, cette opinion aurait
besoin d'être appuyée de la déclaration de nos agro-
nomes les plus distingués, qui ne se sont pas encore
prononcés, que nous sachions. Cette question est d'autant plus importante, que le Nord et l'Est commen-
cent à monter sur une très grande échelle les filatures
de lins peignés. Notre département aurait donc tout
intérêt à développer la culture du chanvre et du lin.

car il serait toujours assuré de les écouler sous une forme ou sous l'autre.

La filature joue un grand rôle dans la fabrication des flanelles. De grandes modifications ont été apportées, de grands progrès ont été réalisés dans cette industrie qui appartient essentiellement à la France. Il y a un contraste frappant entre les fils employés depuis deux ans surtout et ceux qu'on utilisait auparavant. Les numéros employés jusqu'en 1844 ne dépassaient guère le numéro 9 ; aujourd'hui, avec des matières d'une infériorité marquée, la filature ne livre presque rien au-dessous du numéro 20. Ce sont encore la concurrence, la comparaison des produits du dehors, les observations intelligentes des chefs de fabrique, qui ont amené ce résultat, signe précurseur d'un nouveau et rapide progrès.

MM. A. Noualhier, Jabet, Syrieix, E. Ardant, veuve Laporte et fils, Romanet du Caillaud, possèdent les principaux établissements de filature. La quantité des laines mises en œuvre par eux varie entre 380 et 400,000 kil., représentant une valeur de 1,200,000 fr. Les prix de filature sont de 60, 80, 90 et 100 fr. les 100 kil.

Les teintures de Limoges ont, depuis longues années, une réputation méritée ; autrefois, on les vantait surtout pour la beauté de leur rouge et de leur bleu : aussi le bleu était-il devenu le fond presque exclusif des droguets. C'est encore à Turgot que cette branche de l'industrie des laines doit sa prospérité ;

le premier, il eut la pensée de faire venir de Lyon des ouvriers habiles qui formèrent des élèves, et la nature des eaux du Limousin, qui sont très propres à la teinture, favorisa les progrès de cette entreprise. Aujourd'hui encore, il serait difficile de trouver en France une localité où la cuve à l'indigo se traite avec autant de succès : vivacité de couleur, solidité de ton, modicité de prix, tout est bien, irréprochable même. Mais, il faut bien l'ajouter, la couleur bleue de toute nuance, qui faisait la base de la teinture des laines, ne suffit plus aux besoins de la consommation ; le développement de l'article de fantaisie force les fabricants à employer les couleurs les plus variées, les plus brillantes. La teinture de Limoges s'est mise rapidement en mesure de répondre à ces nouvelles exigences, chacun se plaît à le reconnaître ; seulement, elle n'est pas arrivée encore à produire à bon marché, et, dans la position exceptionnelle où se trouve Limoges, le bon marché seul peut lutter contre les difficultés que nous suscite la concurrence.

MM. P. Deschamps, Bonnadier, Fournier frères, et en dernier lieu MM. Rivière et Texier, possèdent les établissements de teinture dont nous venons de vanter les produits.

Si la filature et la teinture ont fait de grands progrès, il n'en est pas de même du tissage : nous le disons à regret, cette partie de la fabrication laisse beaucoup à désirer, et la faiblesse des ouvriers est un des plus grands obstacles à la prospérité de notre industrie.

Nous avons déjà expliqué en partie les causes de cette infériorité, en disant qu'à la révolution les métiers se dispersèrent dans les campagnes; que les bonnes traditions furent rompues, et que l'ignorance et la routine écartèrent toute idée de progrès et d'innovation; mais il en est d'autres encore qu'il importe de signaler.

Dans l'Alsace, la Flandre, la Normandie et la Vendée, le tissage est arrivé à un degré remarquable de perfection. Introduit dans les classes agricoles qui utilisent ainsi leurs moments perdus, il a développé entre les tisserands des villes et ceux des campagnes une louable rivalité, dont le résultat profite à l'industrie locale et contribue à faire la réputation si bien méritée de toutes ces contrées. Là, les villes et surtout les grands industriels n'ont pas hésité à créer des écoles de tissage, de mécanique et de chimie appliquée, dans lesquelles se professent de saines doctrines, où s'introduisent sans difficulté les théories nouvelles, et d'où sortent des sujets remarquables qui développent chez leurs confrères les préceptes qu'ils y ont puisés.

A Limoges, au contraire, pas de bonnes traditions, pas d'émulation chez les ouvriers tisseurs; partout au contraire l'ignorance des connaissances les plus simples et les plus élémentaires. Cet état de choses est grave, car il tend à paralyser jusqu'au cœur la fabrication des étoffes de laine. Nous ne ferons pas à nos lecteurs l'injure de leur démontrer qu'avec de mauvais ouvriers, il est impossible, même avec d'excellentes matières premières, d'obtenir de bons produits ; mais nous devons constater que le mauvais ouvrier demande toujours très cher d'un ouvrage défectueux ; trop souvent, dans nos pays, les métiers sont mal montés sur des planchers gauches ; ils sont entretenus avec peu de soins. L'ouvrier fabrique avec peine, et, comme l'expérience ne lui a pas enseigné à abréger les préliminaires du travail, il n'avance que fort lentement ; et, cependant, quelque faible qu'ait été sa production, l'industriel qui a besoin de lui est obligé de lui payer de sa journée le prix qu'il aurait donné à un ouvrier habile qui aurait produit un tiers d'étoffes de plus.

L'envidage des canettes, c'est-à-dire des bobines qui servent à former la trame des tissus, est encore une cause de l'augmentation du prix des journées. Dans les conditions actuelles, le tisserand est obligé d'employer les membres de sa famille à cet envidage, et, par conséquent, d'en compter le prix de revient à un taux assez élevé. Or, ce surcroît de dépenses, c'est le fabricant qui le supporte ; il a donc, par ce seul fait, une augmentation de ses frais, un moyen de moins pour lutter contre la concurrence.

Il nous semble qu'en signalant ces causes d'infériorité, nous avons indiqué le moyen de les faire disparaître. Nous avons eu l'honneur d'être membre de la Société industrielle de Mulhouse, et nous avons pu constater souvent les heureux effets de son action sur le pays. Son école de chimie appliquée à la teinture, a doté l'Alsace et même Rouen de *coloristes* habiles, à qui nous devons chaque jour des effets nouveaux dans les impressions; la fabrication des papiers peints, l'industrie des châles et des mousselines-laines lui doivent des dessinateurs d'un talent souple et fécond. Elle a pesé d'un grand poids dans la question de l'établissement du chemin de fer de Strasbourg à Bâle, la première grande voie ferrée dont a été dotée la France; récemment elle a contribué pour une grande part à la concession de la ligne de Mulhouse à Paris; tous les ans elle met au concours des problèmes à résoudre, non-seulement dans l'intérêt de l'industrie, mais encore sur toutes les questions d'hygiène, d'agriculture et d'arts domestiques. Les inventeurs n'ont qu'à lui communiquer leurs découvertes pour obtenir immédiatement des rapports dont l'impartialité est le moindre mérite.

Pourquoi Limoges qui possède tant de ressources, qui a devant elle un avenir si brillant, ne constituerait-elle pas une société analogue. Ce ne sont, certes, ni les intelligences, ni les capitaux qui lui manquent. Les fabricants auraient un centre naturel de réunion, un moyen assuré d'attirer à eux le perfectionnement et le progrès.

Alors il leur serait facile d'imiter l'exemple de Turgot, et, au lieu de demander à la Maison Centrale leurs meilleurs ouvriers tisserands, ils pourraient appeler du dehors des hommes expérimentés qui répandraient promptement dans le sein de la population l'habitude d'un travail raisonné et produit par conséquent dans les conditions les plus économiques.

Si nous ne savions avec quelle sollicitude l'administration étudie la question du paupérisme et cherche les moyens d'y remédier, il nous serait pénible d'avouer que, sur une population qui n'atteint pas 45,000 âmes, il y a de 13 à 15,000 individus inscrits au bureau de bienfaisance. Ce chiffre est énorme sans doute ; mais la fabrication des articles-laine pourrait, si elle le voulait sérieusement, le diminuer dans une forte proportion. Parmi les nombreux mendiants qui sillonnent nos rues, il en est bien peu qui seraient incapables de travailler à la confection des *canettes* ou au tri de ce qu'on appelle la *renaissance ;* ces mendiants, recueillis dans une maison de refuge, gagneraient facilement de 35 à 45 cent. par jour, et dégrèveraient d'autant le budget de la bienfaisance publique ; la sécurité générale y gagnerait ; le tisserand pourrait envoyer ses enfants à l'école ; il ne les étiolerait pas par un travail prématuré, et enfin on obtiendrait, sans perte pour lui, une réduction dans le prix de la main-d'œuvre.

Ces questions sont en germe dans tous les esprits, nous le savons ; une société industrielle concourrait à leur développement et à leur application utile. Elle aurait, on le voit, un magnifique programme à réaliser.

Cependant, malgré ces causes d'infériorité, nous ne ferons qu'un acte de justice en répétant qu'il y a dans la fabrication des droguets un progrès réel, surprenant même. Ici encore nous sommes obligé de déplorer qu'il n'ait pas été donné suite au projet d'exposition locale ; la population limousine, non-seulement celle qui a porté des droguets tels qu'on les faisait il y a trente ans, mais même celle qui a vu les expositions de 1844 et de 1849, aurait été frappée de l'énorme différence qui existe entre les produits de 1855 et ceux des années précédentes.

On sait, en effet, ce qu'étaient les droguets à l'origine ; un tissu de laine grossière, teint en bleu, en gros vert ou en brun ; plus tard, on coupa ces fonds par des bandes d'une nuance plus claire ou plus foncée ; plus tard encore, ces bandes furent remplacées par de larges carreaux ; peu à peu ces carreaux devinrent plus petits ; des couleurs plus vives usurpèrent la place du bleu ; en même temps, les tissus devinrent plus légers, plus souples, et l'on vit apparaître les étoffes dites de laine douce, à dessins, à damier pour pantalon ; aujourd'hui, le droguet est une étoffe dont les couleurs chatoyantes sont combinées de manière à former des dessins agréables à l'œil ; la cardeuse mécanique permet de donner à la laine tout le soyeux qui lui est propre ; en un mot, il a pris droit de bourgeoisie dans la toilette des dames. Les maisons qui exposent, Mme veuve Laporte, MM. Pétiniaud-Dubos, Delor, Boyer et Lacour..., ont fait des chefs-d'œuvre en ce genre. M. Delor a, de plus, eu le mérite de présenter des flanelles imprimées qui sont appelées à une grande vogue pour articles d'habillements d'hiver.

Les prix, nous l'avons déjà dit, ont baissé dans une proportion identique. Ainsi, ce qui, en 1844, se vendait au prix de 2 fr. le mètre, est coté de 1 fr. 40 à 1 fr. 70 c. ; on peut donc dire qu'une fabrication qui, en si peu d'années, a subi d'aussi heureuses modifications, a bien mérité du pays et a droit à tout son intérêt.

Cela est vrai, surtout si l'on considère la situation dans laquelle elle se trouve. La fabrication du droguet n'a eu jusqu'à présent que peu d'éléments favorables, tandis qu'au contraire elle a eu à lutter contre de sérieux obstacles de diverses nature. Les éléments favorables se bornent exclusivement aux perfectionnements apportés à la filature et à la teinture, à l'intelligence des chefs de maison et aux capitaux dont ils ont pu disposer. Les obstacles, au contraire, sont nombreux comparés aux avantages obtenus par les industries rivales. Pas d'écoles de tissage, pas d'entrepôts, pas de chemins de fer ni de voies navigables. Le manque de bons ouvriers constitue une perte de temps et une augmentation considérable dans les frais généraux ; l'absence d'un entrepôt oblige les fabricants à des déboursés considérables, partant à de fortes avances qui se traduisent par la perte de gros intérêts ; enfin le manque de chemins de fer s'oppose non-seulement à la prompte livraison des marchandises vendues, mais il empêche encore l'acheteur de se rendre à Limoges et laisse à la concurrence la faculté de l'attirer à lui.

Donc, si dans de semblables conditions nos industriels sont arrivés aux résultats que nous venons de constater, on peut juger de ce qu'ils auraient fait dans une situation meilleure, et apprécier les richesses dont ils auraient doté le département dans un avenir prochain. Mais cet avenir, c'est à eux et à eux seuls de le conquérir ; ils ont pour eux l'intelligence, la fortune, que leur manque-t-il donc pour atteindre le but ? Rien. Ils n'ont qu'à vouloir, mais à vouloir fortement, avec persévérance, avec tenacité.

LES TAPIS.

L'usine de M. Romanet est située au bord de la Vienne, à dix kilomètres, et sur la route la plus fréquentée de Limoges ; et, cependant, le plus grand nombre de nos lecteurs ne se doutent pas, nous en avons la preuve, qu'il y a là une fabrique de tapis qui produit des choses charmantes, qui se développe chaque jour, et dont la réputation est déjà établie à Felletin, à Aubusson et à Paris.

L'établissement du Caillaud était, dans l'origine, une manufacture de papiers, que M. Romanet père convertit plus tard en une filature de laine, et où il fabriqua le premier, si nous ne nous trompons, les *cuirs-laines*, qui eurent dans le temps une si grande vogue, et que leur solidité même fit déprécier par les marchands tailleurs.

En 1848, il était la propriété de M. Romanet fils, qui avait pris la suite des affaires de son père et y continuait les opérations de la filature. Lorsque la révolution de février éclata, M. Romanet était détenteur de fortes parties de laines que la crise commerciale dépréciait de près de moitié. Plutôt que de s'en défaire à perte, il eut la pensée de les utiliser lui-même; il appela à lui des contre-maîtres intelligents, des teinturiers habiles, des ouvriers expérimentés et il construisit une manufacture de tapis.

Nous avons été récemment admis à visiter cette usine, et nous avons été frappé de l'ordre qui y règne et de l'intelligence avec laquelle on a disposé les ateliers pour les différents détails de la fabrication, filature, teinturerie, séchoir, tissage, tout y est rassemblé de la manière la plus heureuse et la plus économique; cent vingt ouvriers se trouvent à l'aise dans l'établissement, et une force motrice de vingt-cinq chevaux, empruntée à la Vienne, met en jeu les belles machines qu'emploie M. Romanet.

Les premiers tapis fabriqués par lui furent les *jaspés*. On sait ce que sont ces grandes bandes qui servent à couvrir les escaliers et le sol des appartements; plus tard, il monta des métiers à la Jacquart pour fabriquer les moquettes à grands ramages, et, depuis quelques mois, il fabrique la moquette à chenille, dite article de Nismes.

La trame des tapis est formée par le fil du *phormium tenax* ou de la *jude*, espèce de chanvre qui vient du nouveau continent, et que la marine emploie avec le plus grand avantage depuis quelques années pour la fabrication de ses câbles et de ses cordages.

La chaîne des tapis est en laine de diverses couleurs. La teinture en est très belle, très vive, et les nuances dont elle se compose sont engencées avec un goût exquis. On devine en les voyant que la main d'une femme, et d'une femme artiste, a seule pu les combiner d'une manière aussi gracieuse. Et, en effet, Mme Romanet est un peintre de talent qui a, au plus haut degré, le sentiment du coloris ; c'est elle qui fournit les dessins de ses tapis et en dirige l'exécution.

Les journaux ont souvent retenti des descriptions des splendeurs de cet immense caravansérail qui s'élève rue de Rivoli, et que l'on appelle l'*hôtel du Louvre*. M. Romanet a traité avec les propriétaires de ce gigantesque établissement pour 4,000 mètres (4 kilomètres) de tapis *flammés*. Ces tapis sont quelque chose de charmant et de tout à fait nouveau.

La chaîne est formée par des laines d'une seule couleur, mais de deux nuances ; l'ouvrier obtient, de cette manière, des effets chinés ou flammés d'un effet très gracieux. Nous avons vu des tapis verts nuancés de vert sombre, où le dessin rappelle exactement l'aspect d'une prairie sur laquelle seraient étalées de larges bruyères. Ces tapis sont traités comme le velours, dont ils ont tout le confort.

Ce produit est une spécialité de M. Romanet, et, par son élégance et la modicité de son prix, il est appelé certainement à remplacer dans toutes les maisons bourgeoises ces tissus grossiers dont on se sert trop souvent pour descentes de lit ou garnitures de feu.

La fabrication des tapis donne lieu à beaucoup de déchets de laine qu'on peut utiliser sous diverses formes. De nombreux enfants sont occupés à trier ces déchets, à rattacher les bouts de fil et à réassortir les brins de chaque couleur. Dans sa sollicitude pour les ouvriers de l'usine, Mme Romanet avait fait venir près d'elle une institutrice qui était chargée de donner à ces enfants les premiers éléments de l'instruction et surtout de l'éducation. L'épidémie qui a sévi l'année dernière aux environs de Limoges a enlevé cette institutrice, et Mme Romanet s'occupe de la remplacer par deux religieuses, qui auront la double mission d'instruire les enfants et de soigner les malades.

Nous commettons sans doute une indiscrétion en révélant ce fait ; mais il touche à de trop graves intérêts pour que nous n'insistions pas sur les conséquences de son application.

Dans le nord et dans l'est de la France, et notamment en Alsace, il n'est pas de fabrique qui ne possède son instituteur, sa caisse de secours et même sa caisse de retraite. Beaucoup ont des lavoirs, des salles d'asile, des greniers d'abondance, où les ouvriers trouvent, à prix coûtant, les denrées et une partie des vêtements qui leur sont nécessaires. Ainsi, chez MM. Dolfus-Mieg, à Mulhouse; à Colmar, chez MM. Hertzog; à Munster, chez MM. Hartmann...., ces institutions sont arrivées à un degré de perfection remarquable. MM. Gros-Odier-Roman, de Wesserling, ont organisé des caisses de retraite, combinées de telle sorte, qu'elles prêtent à l'ouvrier économe les fonds nécessaires à l'achat d'une maison, d'un champ. — Ils ont un théâtre, des écoles de chant et de dessin : en un mot, ils cherchent, par tous les moyens possibles, à améliorer le sort de l'ouvrier et à développer son intelligence. Et c'est là non-seulement de la philantrhopie éclairée, c'est encore un heureux calcul ; car l'ouvrier instruit produit toujours mieux et à meilleur marché que l'ouvrier routinier et incapable, quoiqu'il soit mieux payé que ce dernier. Ils attachent par là au sol leur personnel, et préparent ainsi à leur maison une série de générations qui, vivant à la fois et de l'agriculture et de l'industrie, ont tout intérêt à ce que ces deux sources de la richesse nationale prospèrent également.

Sans doute la fabrication de Limoges n'est pas organisée sur une échelle assez grande pour que les institutions dont nous venons de parler s'y établis-

sent avec autant de détails, mais on ne saurait dis-
convenir néanmoins qu'il y a parmi nous beaucoup
à faire. En première ligne, nous citerons les cités
ouvrières qui ont si bien réussi à Paris, à Mulhouse,
à Marseille ; les associations pour la vente à prix réduits des denrées alimentaires, dont Grenoble fait un
si heureux essai ; l'institution des Petites-Sœurs des
pauvres, qui rendent de si grands services au corps
et à l'âme des indigents ; enfin, et entre plusieurs
autres choses, l'organisation des caisses mutuelles de
secours. Ces caisses existent à Limoges, mais malheureusement elles n'y opèrent pas tout le bien qu'on
en attend, parce qu'elles sont trop divisées, trop
morcelées, et qu'elles consomment ainsi trop en frais
généraux.

Le gouvernement impérial est entré avec ardeur
dans cette voie nouvelle ; les nombreux décrets dus à
l'initiative de Napoléon III démontrent avec quelle
sollicitude il s'occupe de la solution de tous les problèmes qui intéressent l'agriculture et la classe ou-
vrière. En le secondant dans ses vues, on ne ferait
pas seulement une œuvre de patriotisme, on prépa-
rerait à notre province, et surtout à Limoges, un
avenir de richesse et de postérité ; car on assurerait à
l'industrie et à l'agriculture le progrès, sans lequel il
n'y a plus pour un pays que la décadence et la pau-
vreté.

CHAPITRE IV.

CORDONNERIE ET SABOTERIE. — GANTERIE.

I. — CORDONNERIE.

On peut dire avec vérité que la fabrication en gros de la chaussure est une industrie particulière à Limoges. Il y a bien çà et là en France quelques maisons qui exploitent cet article; mais, après Paris, Limoges seule est reconnue pour un centre où le commerce d'exportation peut toujours largement s'approvisionner.

Cette industrie a pris naissance à Saint-Léonard vers la fin du XVIIIe siècle; mais on n'y confectionna

jamais que des chaussures communes que les marchands colportaient de foire en foire.

« Vers **1820**, dit **M. L. Ardant**, dans son *Compte-*
» *rendu* de **1844**, nous voyons la cordonnerie s'ins-
» taller à la Maison-Centrale de Limoges ou dans la
» ville, et s'ouvrir des débouchés dans l'Ouest et le
» **Midi**, sous l'excitation d'un voyageur devenu de-
» puis un de nos négociants distingués, **M. Bau-**
» **vieux aîné.**

» **MM. Teytut** frères aidèrent de leur côté à l'ex-
» tension de cette fabrication naissante, qui, dix ans
» plus tard, trouva dans **M. Mallet** un organisateur
» intelligent. A la chaussure dite de pacotille, qui se
» confectionnait à Saint-Léonard et à Limoges, il
» joignit de nouveaux modèles qu'il emprunta à la
» capitale ou aux ateliers les plus avancés de la
» **France**; il les fit imiter et perfectionner avec éco-
» nomie, et notre ville peut désormais produire la
» chaussure de luxe avec autant de succès qu'elle
» avait fabriqué la chaussure ordinaire. »

En **1844**, six cents ouvriers étaient occupés par
cette industrie, dont la valeur commerciale était pour
le département de **7** à **800,000** francs.

Aujourd'hui, elle utilise quinze cents ouvriers ou
ouvrières, dont le salaire varie entre **2 fr. 50 c.** et
1 fr., et elle produit, année moyenne, de **11** à
12 cent mille francs de matières fabriquées. Paris,
l'Ouest et le Midi sont devenus ses tributaires.

Ce progrès, la cordonnerie de Limoges le doit au

choix consciencieux des matières premières, à la solidité de sa couture ; à l'élégance de la forme et à l'excessif bon marché de la vente ; cependant il nous semble qu'elle pourrait prendre un développement plus considérable encore si notre ville savait tirer un meilleur parti des ressources que lui offre l'abondance des matières premières.

Pour bien faire comprendre notre pensée, qu'il nous soit permis d'entrer dans quelques détails sur le commerce des cuirs dans le département de la Haute-Vienne.

La boucherie de Limoges présente un avantage considérable aux marchands de peaux en poil et en laine. Elle est renommée dans la tannerie par sa belle dépouille et la bonne nature de ses cuirs. En outre, l'abat qui s'y fait est peut-être le plus important de France, eu égard à la population. Ainsi, pour n'étudier que l'année 1854, l'abattoir a livré à la consommation 295 bœufs, 3,032 vaches, 9,279 veaux, 4,662 porcs, 55,350 moutons et 34,612 brebis.

On ne sera donc pas surpris si des hommes compétents évaluent le commerce des cuirs sur notre place à trois millions, qui se répartissent ainsi : corroierie, 600,000 fr. ; cuirs divers, 1,800,000 fr. ; cuirs en poil, 700,000 fr.

Avec des éléments semblables, Limoges devrait posséder des tanneries nombreuses et fournir à la cordonnerie toutes matières premières dont elle a besoin. Il n'en est rien cependant : les peaux fraîches sont achetées par les tanneurs de Saint-Léonard, de Bellac, d'Eymoutiers, de Saint-Junien, et surtout par ceux du Berry qui les préparent et les revendent ensuite à Limoges. Aujourd'hui, Argenton a pour ainsi dire le monopole de cette fabrication.

Cette lacune dans notre industrie provient de l'opinion trop répandue que les eaux de la Vienne et celles qui découlent des plateaux des environs de Limoges ne sont pas propres à la tannerie. Cette opinion est tout simplement absurde. Avant la révolution, la fabrication des cuirs tannés était la ressource ordinaire des bourgeois honorables qui avaient perdu leur patrimoine dans des spéculations malheureuses. Ces industriels, dépourvus de connaissances spéciales, ne pouvaient adopter que des systèmes imparfaits, bizarres même, que la routine la plus aveugle imposait en maîtresse absolue. La concurrence étrangère s'empara bien vite de la place de Limoges, et, plutôt que de chercher à perfectionner leurs produits, à faire appel à la science, nos tanneurs préférèrent accuser la Vienne des résultats de leur inexpérience.

Aujourd'hui, nous ne connaissons à Limoges que quelques tanneries, dont les principales sont celle de M. Audouin et celle que M. Patry, marchand de cuirs, fait établir sur la Vienne. Les excellents résultats obtenus depuis longues années par le premier de ces industriels, démontrent qu'avec de l'intelligence on peut tout aussi bien travailler à Limoges qu'ailleurs.

La position centrale de la ville de Limoges fait qu'il y passe une très grande quantité de cuirs tannés, venant de la Touraine, de l'Orléanais et du Berry, et se dirigeant sur Toulouse pour la consommation de quelques villes méridionales ; pourquoi donc nos industriels, au lieu de se borner au commerce d'entrepôt, ne s'empareraient-ils pas de ces marchés? A quoi bon employer inutilement une partie de leurs capitaux à payer à d'autres villes, et notamment à Argenton, le prix de la main-d'œuvre, et laisser à d'autres les bénéfices de l'exploitation?

On objecterait vainement qu'Argenton est plus rapproché que nous des points d'où se tirent les écorces ; tout compte fait, l'achat des matières nécessaires au tannage des peaux serait moins onéreux à l'industrie que la perte d'argent provenant des ports à payer et de la différence entre l'achat des cuirs en vert et des cuirs préparés. D'ailleurs, en exploitant le Midi, Limoges obtiendrait la préférence sur les provinces que nous venons de citer, à cause de la proximité qui diminuerait les prix de transport ; elle pourrait ainsi se récupérer des frais que lui coûterait l'achat des écorces.

Si la tannerie est presque nulle à Limoges, il faut reconnaître au contraire que la corroiérie y est une branche de commerce fort importante. Tous nos marchands de cuirs, et ils sont nombreux, emploient à ce travail une certaine quantité d'ouvriers. Leur principale fabrication consiste dans la préparation des veaux crus, du cheval, du veau façon cheval, des dessus de sabots ou galoches, et principalement des tiges de bottes qui sont très estimées, et dont on fait des envois non-seulement dans toute la France, mais encore à l'étranger. Ceux de nos corroyeurs qui ont le plus de succès pour ce dernier article sont ceux qui, comme MM. Martial Boyer, Lafaye, Bonnel et Dutour..., font tanner eux-mêmes les veaux destinés à la confection des tiges. Par le choix qu'ils font des peaux et la préparation spéciale qu'ils leur donnent, ils obtiennent des produits d'une qualité supérieure, quoique d'une finesse et d'un moelleux qui ne laissent rien à désirer.

Il y a de plus, près de Limoges, une fabrique de cuirs vernis assez importante.

La cordonnerie en gros tire aujourd'hui les peaux de vache de Tours et d'Argenton ; les veaux vernis et les peaux de chevreau, de Paris ; les peaux blanches et les peaux de chèvre, de la Picardie ; les maroquins, de Strasbourg, et enfin les peaux de mouton, noires et de couleur, de Limoges, mais depuis une douzaine d'années seulement. Les étoffes de satin, casimir, drap castor..., viennent de Lyon, Sédan, Amiens, Roubaix, Paris, Lille....

Ainsi, Limoges est encore tributaire de bien des localités, et le port qui grève les matières premières contribue dans une certaine proportion à renchérir les articles fabriqués. Il serait donc bien à désirer que le travail de la tannerie et de la corroierie fût dirigé de manière à alimenter complètement la fabrication locale.

Des neuf maisons qui fabriquent la chaussure en gros, trois seulement ont exposé. Heureusement, les échantillons qu'elles envoient à Paris suffisent pour donner un aperçu complet de notre industrie. M. Mallet présente une collection complète de chaussures de tous genres pour hommes, femmes et enfants; MM. Demassiat, Veyrier et Pornin, seulement des chaussures de femmes et d'enfants.

Tous ces articles seront appréciés, nous en sommes convaincus, pour l'élégance de la coupe et la beauté des matières employées. Limoges s'est fait, depuis quelques années, une réputation méritée pour la solidité et le fini de sa *piqûre*; des hommes compétents nous ont affirmé que nulle part on ne trouvera mieux dans ce genre.

Cette exposition a le mérite particulier d'établir d'une manière précise les prix de la fabrication. Ainsi, à côté des douillettes à garniture de cygne et des mules Louis XV riche, de M. Demassiat; de l'élégant soulier de la Provençale, de MM. Veyrier et Pornin; des bottines si élégantes de M. Mallet, en trouve toute une série de chaussures, depuis 160 fr. jusqu'à 36 fr. la douzaine; c'est-à-dire que le luxe le plus élégant, comme la fortune la plus modeste, peuvent parfaitement se fournir à Limoges, et que

nos habiles industriels sont en mesure de répondre à
toutes les demandes, de satisfaire à toutes les exigences.

II. — SABOTERIE

De même que la cordonnerie, la saboterie mérite
une attention toute particulière. Depuis longtemps,
le sabot a cessé d'être à Limoges cette lourde masse
formée d'un bois à peine dégrossi, où le pied ne s'en-
fonce qu'à la condition d'être entouré de paille ou
d'un épais chausson. C'est une chaussure élégante,
bien cambrée, que la jeune fille comme la vieille
femme, le citadin comme le campagnard, peuvent
porter impunément sur le pavé des villes et dans la
boue des champs, dans la maison bourgeoise et dans
la chaumière.

Déjà, à l'exposition de 1844, on constatait avec
justice les progrès que les sabotiers avaient faits depuis quelques années. A cette époque, le chiffre annuel de la fabrication était d'environ 200,000 fr.
Aujourd'hui il s'élève à 850,000 fr., et nos industriels emploient près de trois cents ouvriers.

Plus heureuse que la cordonnerie, la saboterie
peut largement s'approvisionner à Limoges, où elle
trouve à bon marché d'excelleuts cuirs pour dessus
de galoches. Elle arrive ainsi à confectionner ses ar-

ticles à un prix modique et à trouver de larges débouchés sur tous les points de la France.

MM. Guillat fils, Cataly et Meynieux représentent seuls la saboterie à l'exposition, et il faut leur rendre cette justice, qu'ils la représentent dignement.

M. Guillat, qui a déjà obtenu plusieurs récompenses nationales, présente au jury une collection de sabots de luxe. Les personnes qui n'ont pas vu ses produits à l'exposition préparatoire de M. Haviland, ne pourront se faire une idée de la perfection que le sabot atteint sous sa main ; le bois se cambre, se ride comme le cuir ; le velours, la soie, l'or, le cygne en font valoir les sculptures ; la légère bottine de la femme s'y enchâsse sans efforts, et l'emploi judicieux du caoutchouc garantit le pied contre la fatigue et les meurtrissures. A côté, il y a tout un assortiment de sabots-souliers, de sabots-pantoufles, sabots unis, à boutons, sabots-escarpins, galoches sans couture, de toute forme et de tout prix.

Si MM. Cataly et Meynieux n'ont pas abordé la saboterie de luxe, leur exposition ne mérite pas moins d'interêt. Le but qu'ils se sont surtout proposé est de faire des choses utiles, commodes et à bon marché. Ils ont parfaitement réussi.

M. Cataly applique avec succès la semelle de bois à la botte, et il en fait une chaussure dont l'officier, le chasseur, obligés de sortir par tous les temps, apprécient les avantages. La manière particulière dont les sabots les plus communs sont cloués, les rend

tout à fait imperméables à l'eau. Enfin , en brisant
ses semelles, et en les recouvrant d'un cuir résistant,
il convertit ses sabots en de vrais souliers qui ne font
aucun bruit et que l'on peut porter même dans un
salon.

M. Cataly présente en outre des sabots dont le
talon est en tôle. Cette tôle , qu'il noircit avec le
vernis de M. Tardieu, dont nous parlons plus bas, a
plus d'élasticité que le gros cuir employé d'ordinaire ;
elle est plus légère et son emploi présente une économie de 3 fr. par douzaine de sabots. On peut avoir
de très belles chaussures dans ce genre à 25 fr. la
douzaine.

M. Cataly compte prendre à Paris un brevet de
son invention.

Nous n'avons pu voir en détail les produits de
M. Meynieux ; mais la réputation honorable de cet
industriel suffit pour démontrer qu'il n'est pas au-
dessous de ses confrères. Nous avons dit que ces
chaussures se font remarquer par le bon marché, et,
en effet , on trouve dans ces trois expositions des
échantillons de galoches à 22, 27, 30, 36, 48 fr. la
douzaine. La saboterie de luxe ne dépasse pas 120 fr.,
et on en trouve de fort belle à 84 et 96 fr.

MM. Guillat et Cataly ont joint à leur envoi deux
produits accessoires. Le premier expose une chaîne
en bois qui supporte deux souliers en miniature ;
les anneaux de cette chaîne, parfaitement mobiles, et
les souliers sont d'une seule pièce et ont été taillés à

plein bois et dans un seul bloc par un de ses ouvriers, M. Chalin, d'Angers. M. Cataly présente, à côté de ses sabots, le vernis qui sert à cirer ses cuirs. Ce vernis, de la composition de M. Tardieu, rue du Collége, est d'un beau noir, d'un lustre brillant; il a l'avantage de sécher de suite, de coûter très peu et de donner au cuir ordinaire l'aspect du cuir vernis. Tous les fabricants de Limoges en font usage, parce qu'il imprime à leurs produits ce cachet particulier d'élégance et de distinction que n'ont pas les sabots des autres villes, et sans lequel l'emploi de leurs chaussures serait plus restreint.

Par ce qui précède, on a pu voir combien le commerce des cuirs, la fabrication de la cordonnerie et de la saboterie sont importants à Limoges; nous ne pensons donc pas pouvoir mieux terminer cet article qu'en rappelant les observations que faisait, en 1844, le rédacteur du compte-rendu de l'exposition.

« En présence de cette industrie, dont les ateliers » sont disséminés, dont le centre d'opérations, dans » l'intérêt du producteur, comme dans celui de notre » ville, aurait besoin d'être régulièrement établi, » il serait peut-être utile d'établir à Limoges une » petite halle, affectée spécialement, à certaines époques, à la vente des cuirs de toute espèce.

» Cette exposition passagère des produits de nos » tanneries et de nos corroieries, créerait à la longue de petites foires, exercerait une heureuse in-

» fluence sur les progrès de ces deux industries qui
» se partagent la fabrication des cuirs, et attirerait
» peut-être de nombreux acheteurs. Caen, Reims,
» Guibray, Chàlons-sur-Saône, Beaucaire, nous ont
» donné d'heureux exemples, que nous pourrions
» d'autant mieux imiter, au milieu de nos fabriques,
» que nous ne voyons aucun point important de
» réunion fixé pour la vente des cuirs au centre de
» la France. »

III. — GANTERIE.

Lorsque Scarron, dans son *Eneïde travestie*, parlait
du développement de la ville de Carthage, et qu'il
disait :

> Gants de Grenoble et gants de chien
> Y sont vendus presque pour rien.

il commettait une injustice envers la ville de Saint-
Junien qui, tout aussi bien que Grenoble, pouvait
alors revendiquer l'honneur d'alimenter la France
de ses produits.

En effet, sans rechercher, comme l'a fait un gantier trop tôt enlevé à son pays, M. Rigaud aîné, si
l'industrie des gants à Saint-Junien remonte à l'époque où Louis XI venait visiter le pèlerinage de No-
tre-Dame-du-Pont, ou lorsque la mère de Henri IV
était vicomtesse du Limousin, il est certain que

sous Louis XIV, cette industrie était florissante. Voiture en parle dans ses épîtres latines, et Mme de Sévigné, envoyant dans nos pays des gants de *Frangipane*, dit que les *Limosins* ne doivent pas en être jaloux, car le marquis de *Frangipani* n'est pas un gantier ordinaire..... Au commencement du xviiie siècle, avant que Paris fût le centre de cette fabrication, avant que Niort, Milhau, Lunéville eussent aucune manufacture, Saint-Junien étendait au loin sa réputation; car Savary des Brûlons disait, dans son *Dictionnaire des Marchandises* : « Les fabriques » du Limousin font des étoffes de laine; des cuirs, » desquels il y a plusieurs tanneries sur la Vienne, » dont les eaux sont très bonnes pour les apprêts; » des gants qui se font en quantité à Saint-Junien » et dans quelques lieux voisins. »

Paris ne fabriquait alors que les gros gants; Blois avait seulement « quelque ganterie » qui s'envoyait à Paris; Vendôme en comptait cinquante maîtres; Grasse, qui n'a plus l'ombre de ce commerce, était renommée pour ses gants parfumés; enfin Cosne, Clamecy, Saint-Fargeaud, Sainte-Menehould et quelques autres petites villes occupaient un rang secondaire dans cette industrie.

Cependant il ne paraît pas qu'à cette époque le commerce des gants se soit étendu à Saint-Junien sur une échelle considérable. La difficulté des communications et l'esprit peu hasardeux des anciens maîtres, ont dû nécessairement restreindre la fabrication. D'ailleurs les droits de fermage, les impôts pesaient lourdement sur les petits gantiers. Ainsi il y avait en 1698, dans le Poitou, à un endroit appelé La Barre, sur la route de Limoges, un bureau des *traites foraines*, où les fermiers de la gabelle rançonnaient les sels de Brouage, les cuirs et autres marchandises du Limousin. Plus tard encore et après la suppression de ce bureau, l'établissement du droit unique et général que percevait la régie fit éprouver à la ganterie de rudes échecs et lui causa de notables préjudices.

La révolution de 1789, l'établissement et surtout la chute rapide du papier-monnaie, faillirent enlever à Saint-Junien toutes ses ganteries. Pendant dix ans, on dut s'abstenir de fabriquer. L'Empire releva les usines, mais ce ne fut guère qu'après 1830 que cette industrie prit un sérieux accroissement.

Sous l'Empire, la fabrication des gants représentait à Saint-Junien une valeur de 132,000 fr.

En 1844, elle s'élevait à 250,000 fr.; aujourd'hui, il se confectionne à Saint-Junien 53,000 douzaines de paires de gants, représentant une valeur moyenne de 900,000 fr., auxquels il faut ajouter le produit de la vente des laines des peaux d'agneau, de la colle et des débris, qu'on peut évaluer à 200,000 fr.; ce qui porte le chiffre des affaires à 1,100,000 fr.

Les gants de Saint-Junien sont tous faits de peaux d'agneaux, tirées des départements du sud-ouest et de Limoges. Ces derniers sont dits agneaux de pays.

Dans l'achat de ces peaux, on traite à la douzaine pour les premières, qui sont les plus grandes et les plus chères, et quelquefois au demi-kilo pour les agneaux de pays. En général, les prix de la douzaine varient entre 13 et 28 fr. ; les agneaux de pays se paient de 3 à 4 fr. 50 c. le kil. ; mais la plupart, une fois débourrés, sont si faibles, si petits, qu'on n'en retire souvent que de la colle. Les peaux de Bordeaux sont à coup sûr la première qualité d'agneaux de France, pour la force, le nerf et la taille. Les agneaux de pays sont plus moelleux, plus fins, plus brillants, plus près de la nature du chevreau ; ils ressemblent à s'y méprendre aux agneaux de Turin, et donnent d'excellents gants façon *chevreau*. Mais la race ovine est si négligée dans les bergeries, le bétail paît si souvent dans des lieux humides et malsains, que la plus grande partie de ces peaux sont couvertes de taches, de durillons qu'on nomme *farcin*, et qu'il est besoin de n'employer que le premier choix.

Tandis que Grenoble demande à Annonay toutes les peaux mégissées dont il a besoin, Saint-Junien les apprête lui-même ; les eaux de la Vienne sont excellentes pour la mégie, et, depuis vingt ans, les mégissiers de notre département ont réalisé de sérieux progrès dans cette partie de la fabrication. En ce moment même, MM. Rigaud frères montent sur la Vienne une usine dans laquelle, au moyen d'un mécanisme particulier, ils pourront donner aux peaux les premières façons et les dégraisser complètement. La distribution intelligente de cet établissement, l'économie avec laquelle l'eau se distribue dans toutes ses parties leur permettra bientôt d'opérer à peu de frais, et, par conséquent, d'étendre encore le chiffre de leurs opérations.

Aujourd'hui, Saint-Junien donne très peu de peaux à teindre au dehors ; chaque maison s'est attachée un certain nombre de coloristes et d'ouvreurs qui y ont introduit les procédés les plus nouveaux. Le vieux système de teinture à l'*éponge* est totalement abandonné, et l'on ne se sert plus que de couleurs fixes. Le jaune d'œuf et la farine sont employés pour assouplir la peau et lui enlever l'âcreté que lui ont communiqué le sel et l'alun employés pour la mégie. Il faut de vingt à vingt-quatre œufs pour trente-six peaux, et quoique nos gantiers revendent facilement l'albumine, la chimie leur rendrait un sérieux service si elle trouvait une substance qui eût les propriétés du jaune d'œuf.

Les neuf maisons de Saint-Junien occupent environ cent vingt coupeurs, divisés en coupeurs forts et en coupeurs faibles, et quatre-vingts forts apprentis, cinquante coloristes et ouvreurs et environ quatre-vingt-dix mégissiers. Le salaire des coupeurs est, en moyenne, de 2 fr. 25 c.; celui des mégissiers, de 1 fr. 90 c., et celui des coloristes, de 1 fr. 70 c.

La couture des gants est confiée à environ cinq

cents ouvrières de Saint-Junien, de Chabanais et de Rochechouart. Ici nous avons à révéler un fait pénible : tandis que la mendicité dévore nos campagnes, tandis que le bureau de bienfaisance de Limoges inscrit par années de treize à quinze mille personnes, les gantiers de Saint-Junien manquent de couturières, et, pour répondre aux besoins de la consommation, ils sont obligés d'envoyer coudre leurs gants jusqu'à Lille et à Bayonne ; le prix de ces façons s'élève parfois jusqu'à MILLE FRANCS PAR JOUR.

La façon d'une douzaine de gants est payée 3 fr. ; combien de mères de famille, combien de jeunes filles ne pourraient-elles pas trouver par ce travail, fait dans leurs moments perdus, un allégement aux charges du ménage ! n'est-il pas d'ailleurs triste de voir une partie de la fortune du département passer tous les ans sans profit dans des mains étrangères ?

Nous voyons avec regret qu'aucune maison de de St-Junien ne s'est décidée à exposer. MM. Rigaud frères avaient demandé une place au palais de l'Industrie, mais certaines difficultés qu'ils ont éprouvées à Paris les ont engagés à y renoncer. Cette détermination est regrettable, non pas pour eux qui ont des succursales à Lille, à Bayonne et à Marseille, mais pour leur industrie en général. Les gantiers de Saint-Junien se plaignent d'être exploités par la capitale, et, en effet, leurs articles y sont tous vendus sous le titre de gants de chevreaux. Il en résulte que le consommateur ignore les sources de la production et se trouve forcé de s'adresser à des intermédiaires, qui prélèvent un droit de commission et renchérissent ainsi les produits.

M. Dejean, de Limoges, représentera seul cette industrie. Il expose à la fois des gants et des peaux mégissées et teintes. Ces articles nous ont paru très bien travaillés ; la couture des gants est parfaite et la teinture des peaux très unie et d'un beau ton de couleur.

CHAPITRE V.

INDUSTRIES DIVERSES.

—

I. — LES LIQUEURS.

La fabrication des liqueurs a acquis, depuis quelques années, une grande importance à Limoges. Cependant, nous avons vainement cherché à en établir la valeur réelle ; les questions d'impôts qui se rattachent à cette industrie ont empêché nos amis de s'expliquer catégoriquement à ce sujet.

Quelques fabricants, comme MM. Compain, Châtenet, Marseille, Sapin, se sont fait, dans cette partie, une réputation méritée ; mais comme la maison

Sapin et Cᶦᵉ expose seule, les liquoristes nous pardonnerons de ne parler que d'elle seule.

Depuis de longues années, cette maison a créé à Bordeaux et à Hiersac, près Cognac, une exploitation des eaux-de-vie et des vins fins, dont la réputation est aujourd'hui solidement établie dans toute la France.

Il y a quinze ans environ qu'elle ouvrit à Limoges une succursale destinée spécialement à la fabrication des liqueurs fines. Le succès le plus complet a couronné son entreprise. La maison de Limoges n'a pas su seulement arriver à un chiffre d'affaires considérables, elle est parvenue encore à donner à ses produits une perfection telle, qu'elle peut sans crainte les opposer à ceux des provinces les mieux dotées de la France.

M. Sapin a pour réussir un secret qu'il communique volontiers ; il n'emploie que des matières de premier choix, et il apporte dans sa manipulation les soins les plus minutieux. Généralement à Lyon et à Bordeaux, les liqueurs fines se font avec des *trois-six* bon goût de Montpellier, et les liqueurs courantes avec de l'alcool de betterave. Notre compatriote n'use que la variété d'eau-de-vie de Cognac dite *fine champagne*, et par ce moyen seul il donne à ses liqueurs la saveur suave et fraîche qui est particulière à ce produit. Pour comprendre l'importance de cette distinction, il suffit de comparer le cuiraçao blanc de Hollande avec celui qui sort des alambics de M. Sapin.

11

Le premier, quelque parfait qu'il soit, a toujours dans le palais un arrière-goût âcre et brûlant, tandis que celui de M. Sapin laisse parfaitement apprécier les aromes constitutifs de la liqueur. Cette différence provient de ce que les cuiraçaos hollandais sont faits principalement avec des eaux-de-vie de grain.

M. Sapin dissout ses sucres avec de l'eau distillée au bain-marie. Il évite ainsi que quelques-unes de ses liqueurs ne se troublent et ne prennent en vieillissant cet aspect sirupeux qui répugne trop souvent au consommateur.

Nos lecteurs auront pu remarquer parfois sur les étiquettes des anisettes de Bordeaux, la recommandation de tremper les bouteilles qui les contiennent dans l'eau tiède avant de s'en servir. C'est que le froid fait coaguler l'anisette de Bordeaux, et produit dans la masse liquide comme des espèces de nuages d'une teinte opale. Les anisettes de M. Sapin n'ont point cet inconvénient; elles restent constamment limpides et ne filent jamais. Nous en avons vu qui ont été fabriquées en hiver, qui ont été plongées, pendant huit ou quinze jours, dans de la glace saturée de salpêtre et de sel marin, et qui sont sorties de cette épreuve aussi pures, aussi claires qu'au moment de leur mise en bouteille. Nous engageons fortement M. Sapin à renouveler cette expérience devant la commission de Paris.

Le choix des aromes est une des questions qui ont le plus vivement préoccupé cet industriel; les liqueurs sont spécialement faites pour être employées comme tonique, comme apéritif ou comme digestif. Pour répondre à ces prescriptions de l'hygiène, M. Sapin a étudié d'une manière spéciale les qualités propres aux plantes qu'il utilise, et il est enfin parvenu à combiner ses dosages de façon à rendre ces propriétés aussi énergiques que possible.

Nous avons entre les mains le recueil des recettes qui lui sont propres, et, en le parcourant, nous avons été frappé du nombre des plantes ou substances employées dans chaque liqueur.

Il y a dans cette exposition deux produits originaux qui méritent une mention spéciale : nous voulons parler de la liqueur orientale et de la crème d'Arabie.

Les romanciers d'une certaine école ont essayé de mettre en vogue le haschich oriental. On sait que le haschich est produit par les sommités fleuries d'une variété de chanvre, *canabis indica*, de la famille des urticées, qui croît en Egypte ; il opère sur le cerveau de la même manière, mais avec moins d'énergie, que l'opium. Les rêveries qu'il procure ont presque toujours un charme extrême ; on est comme transporté dans un monde particulier ; les idées d'espace, de temps s'effacent de l'esprit ; bientôt survient une sorte d'extase voluptueuse, qui se traduit par des soupirs, par des cris, et que suit un abattement plein de langueur et de charme.

Mais, pour être moins violents que l'opium, les

effets du haschich ne sont pas moins délétères sur
l'organisme ; il tue les facultés plus lentement, mais
d'une manière tout aussi certaine. M. Sapin est arrivé
à produire dans le cerveau les sensations agréables
que procure cette plante, mais avec moins d'intensité
et surtout sans danger. Cette idée a présidé à la
création de la liqueur orientale. La mélisse, le café,
le betel, le nard, le carvi, la badiane, l'angélique...,
en sont la base et forment un composé très agréable
au goût.

La crème d'Arabie a la propriété de stimuler les
facultés intellectuelles et de faciliter les digestions.
Elle est en grande partie due au café Moka, préparé
d'une façon particulière. L'alcool est une eau-de-vie
de fine champagne à 61 degrés ; elle est d'une limpidité extrême ; il suffit de la déguster pour en res-
sentir la bienfaisante influence.

A côté de ces deux liqueurs figurent un *wespetro*
perfectionné ; *l'anisette*, dont nous avons déjà parlé,
et qui mérite à elle seule une mention particulière ;
le *cuiraçao* blanc stomachique ; un *sirop de punch*
que l'exportation étrangère commence à apprécier ;
des *crèmes de vanille* que l'on pourrait recommander
sans crainte aux estomacs fatigués et qui ne peuvent
avoir pour rivales que les *crèmes de menthe* dont
l'odeur aromatique, la saveur vive et piquante ra-
fraîchissent la bouche et purifient l'haleine après
le repas.

Il y a cependant une lacune dans l'exposition de

M. Sapin : nous y voudrions voir des kirsch obtenus avec les cerises du pays. Le climat du Limousin a beaucoup d'analogie avec celui de l'Alsace et de la Forêt-Noire ; le pays contient beaucoup de vallées ouvertes de l'ouest à l'est, exposition où se plaît la petite cerise noire que l'on distille de préférence.

L'industriel qui tenterait d'exploiter en grand la fabrication de cette liqueur, doterait la province d'une magnifique source de revenu. En effet, on évalue à plus de deux millions le rendement du grand duché de Baden-Baden, seul.

M. Sapin a renfermé les échantillons qu'il envoie à l'Exposition dans de beaux cristaux de Baccarat, dont l'éclat rehausse encore la limpidité des liqueurs qu'ils contiennent. Espérons que la commission du jury aura le bon goût de les rendre vides à l'exposant.

S'il y avait eu à Limoges une exposition préparatoire, M. Sapin aurait offert au public un nouveau procédé pour la fabrication des tonneaux. On sait que les tonneaux en chêne du Limousin sont les meilleurs pour la conservation des alcools à qui ils donnent à la longue cette belle couleur ambrée qui est l'indice du bon et vieux cognac. Malheureusement, l'ouvrier qui, pour faire joindre les douves, est obligé de les exposer, en les assemblant, à l'action du feu vif, en brûle les parois intérieures et leur donne une teinte noirâtre qui nuit à la liqueur. M. Sapin évite cet inconvénient par l'application d'un appareil en tôle d'une telle simplicité qu'on songe involontairement en le voyant à l'œuf de Christophe Colomb. Il n'a d'autre mérite que d'avoir été inventé.

II. — LES CHOCOLATS.

Les confiseurs et les fabricants de chocolats de Limoges livrent, année moyenne, à la consommation, des produits d'une valeur de 250,000 francs. A la tête de la confiserie se trouve placée la maison Beaubrun, qui existe depuis un siècle, et qui a toujours su maintenir sa réputation avec avantage, tant par la bonne confection de ses produits que par la variété des articles de décor ou de dessert qu'elle place dans un rayon très étendu et jusqu'à Paris même. Il est fâcheux que cette maison ne se soit pas déterminée à exposer, et que nos chocolats seuls soient représentés à Paris.

Les produits que M. Dumas, pharmacien à Limoges, envoie à l'Exposition, et qui, en 1839 et 1844, obtinrent une mention honorable, fixèrent alors l'attention de la famille régnante; M. Dumas en devint le fournisseur, et il reçut en cette qualité un brevet de la reine Marie-Amélie.

Ces chocolats auxquels le jury de Limoges décerna aussi une mention honorable et plus tard une médaille en argent, furent remarqués aux Expositions de Toulouse et de Bordeaux, où ils obtinrent une médaille de bronze.

Il y a peu d'années, M. Dumas, qu'une longue expérience en Italie et en Espagne avait initié à tous les secrets de la fabrication, livrait à peine à la consommation 2,000 kilog. de chocolats par an; aujourd'hui, sans en avoir fait une affaire commerciale proprement dite, et avec une simple machine à trois cylindres mue par deux hommes, il en fait confectionner environ 11 à 12,000 kilog., qui se consomment dans notre département, dans les quatre départements environnants, et enfin pour une faible portion dans Paris. Le chiffre de cette fabrication s'élève annuellement à 36,000 fr.

Le mérite de ces chocolats consiste surtout dans les procédés que ce fabricant emploie pour la manipulation et la torréfaction des cacaos. Ce changement est aussi important pour ce produit que celui de la minoterie pour la fabrication du pain. A cet avantage ils joignent encore celui d'une grande modicité de prix.

Les personnes qui ont examiné avec attention les produits de M. Dumas, et qui les ont comparés avec ceux des maisons les plus en renom, sont obligées de reconnaître qu'ils les égalent au moins pour le fini de la préparation, la délicatesse et le bon goût.

M. Dumas se propose de donner une plus grande extension à la fabrication de ses chocolats. On ne saurait qu'applaudir à cette détermination, car il constituerait ainsi une véritable industrie locale, et augmenterait d'autant la somme des forces productives de notre département.

III. — LA CIRE.

Nous voyons avec un profond étonnement qu'aucune des statistiques que nous avons consultées ne s'est occupée d'une manière sérieuse d'une industrie qui, cependant, s'exploite sur une grande échelle parmi nous, et à laquelle le nom de Limoges se rattache d'une manière intime : nous voulons parler de la cire.

Jusqu'au règne de Louis XIV, on ne s'est guère servi que de cire jaune ou imparfaitement blanchie, que l'on parfumait pour déguiser l'odeur particulière qu'elle répandait en brûlant. A cette époque, on découvrit le moyen de lui ôter sa coloration, de la blanchir, en un mot. Quelques savants prétendent que c'est à Limoges que ce procédé fut employé pour la première fois ; quoi qu'il en soit, il est certain que Limoges fut, avec Paris et Le Mans, le berceau de cette création. Le blanchiment de la cire s'y pratiqua pour la première fois en 1690, dans l'usine de M. Ardant-Masjambost, de la famille duquel elle a toujours été la propriété.

Plus tard, le Régent, frappé de la beauté des produits de cette fabrique, la dégreva des droits de douane qu'elle avait à payer à la sortie de la province, et conféra des priviléges de noblesse au propriétaire de l'usine. — Et qu'il nous soit permis de le faire remarquer ici, les honneurs nobiliaires ont été plus fréquemment accordés à l'industrie française qu'on ne le pense : la plupart des armes qui servent encore à quelques familles bourgeoises, qu'on retrouve sur les frontispices des livres, sur le portail des maisons, ont été le plus souvent concédées par lettres-royaux bien et duement enregistrées.

Avant la révolution, il existait dans le Limousin cinq manufactures, à la tête desquelles se trouvait la maison Ardant-Masjambost, et qui fabriquaient ensemble près de 200,000 kil. de cire. Cette industrie commença à décliner vers 1790, et elle était réduite d'un tiers en 1808. Les cultivateurs attribuaient cette décadence à la rigueur de quelques hivers ; mais, en réalité, la véritable cause de cette perte était le peu de soin qu'on mettait à garantir les abeilles des divers accidents auxquels elles sont exposées.

En effet, les ruches ont pour la plupart conservé une simplicité primitive qui ne permet pas d'espérer de bons produits ; des troncs d'arbre, des cylindres formés de paille grossièrement tordue ou clayonnées avec des côtes de ronces, sont recouvertes d'un chaperon de paille, et ne préservent l'abeille ni du froid, ni des attaques des animaux nuisibles ; c'est à peine si on se préoccupe de nourrir les essaims dans les temps rigoureux, et il est bien rare qu'on nettoie les ruches et qu'on les assainisse.

Cette incurie qu'on rencontre trop souvent dans les diverses branches de l'industrie agricole, a contribué plus encore que l'emploi de la stéarine dans l'éclairage de luxe, à la diminution de la cire.

Bien que menacée par Toulouse, qui depuis vingt ans a commencé à blanchir la cire, Limoges est encore le centre d'un marché important, qui ne peut suffire à toutes les demandes de la consommation ; il y a donc là aussi un progrès à suivre, une source de produits à signaler à l'agriculture.

Aujourd'hui, la Haute-Vienne, la Creuse et la Corrèze livrent chaque année à Limoges environ 125,000 kil. de cire, dont 95,000 se revendent bruts au prix moyen de 3 fr. 50 c., et 35,000 sont blanchis à Limoges même. Le kilogramme de cette qualité varie entre 4 fr. 75 c. et 5 fr. C'est donc un produit net de près de 500,000 fr.

Les ventes en gros se font pendant la foire de la Saint-Loup (22 mai); il suffit quelquefois d'un jour pour écouler cette masse de produits.

M. Ardant-Masjambost envoie à l'Exposition plusieurs échantillons de cire blanchie par lui ; ces cires, quoique d'une pureté remarquable, ne sont que des échantillons de sa fabrication courante ; c'est assez dire que cette maison soutient dignement sa vieille et honorable réputation.

IV. — LES BALANCES.

Voici encore une industrie qui est pour ainsi dire spéciale à Limoges, et dont aucune statistique n'a révélé, que nous sachions, l'existence, jusqu'en 1844. Nous voulons parler de la fabrication des balances dites romaines. Cependant cette industrie expédie ses produits dans toute la France, et se fait remarquer par la précision qu'elle leur donne. Cinq maisons fabriquent annuellement dans notre ville pour 150,000 francs de romaines, et occupent près de soixante ouvriers. Deux d'entre elles s'étaient présentées à l'exposition ; mais l'une d'elle s'est retirée, et M. Léonard Dutreix est resté seul.

A côté de quelques balances d'un beau travail, M. Dutreix soumet au jury un Nécessaire à l'usage des vérificateurs des poids et mesures. La division de ce meuble est fort ingénieuse ; il contient une romaine qui permet de vérifier jusqu'au poids de 20 kil. ; divers ustensiles propres à jauger les mesures de capacité ; un marteau et une espèce d'enclume pour poinçonner les poids vérifiés et la place nécessaire à l'encastrement des poinçons. Le coffre lui-même est disposé de manière à supporter la romaine. Son poids total est de 7 kilog., et il ne coûte que 40 fr. C'est une bonne fortune pour les vérificateurs cantonaux.

Quelques-unes des romaines de **M**. Dutreix, pouvant peser 16 kilog., ne reviennent qu'à **21 fr.** la douzaine.

Cet industriel a obtenu, en 1844, une médaille en bronze à l'Exposition de Paris et une médaille d'argent à celle de Limoges.

MÉCANIQUE ET INSTRUMENTS AGRICOLES.

Bien que d'anciennes statistiques indiquent quelques gîtes métallifères dans le département, il n'en est point aujourd'hui qui soient en exploitation. L'industrie métallurgique elle-même n'a plus la même importance qu'au moment de la première révolution. Le temps nous manque pour en faire l'historique et pour rechercher les causes à cette décadence; nous nous bornerons donc de dire que les seules usines dignes d'être citées sont celles qu'exploitent MM. Bouillon et M. de Montbron. Celui-ci seul possède un haut fourneau, et il envoie à l'Exposition des fontes qui en proviennent. MM. Bouillon tirent leurs fontes du Périgord et les convertissent en produits de diverses natures, et notamment en tréfileries qui sont depuis longtemps très estimées.

On peut porter à un million ou à onze cent mille francs la valeur des objets fabriqués par cette industrie dans le département.

A Limoges, la fonderie et la mécanique, y compris la fabrication des instruments aratoires, représentent un chiffre d'affaires d'environ 350,000 francs Deux de nos industriels, MM. Potelune et Tritschler envoient leurs produits à l'exposition ; nous n'avons pu obtenir de renseignements sur les machines montées par le premier. Nous ne parlerons donc que de son concurrent.

Si les succès précédemment obtenus doivent être pour un homme intelligent et laborieux une légitime espérance pour de nouveaux triomphes, M. Tritschler peut se présenter avec confiance à l'Exposition universelle.

M. Tritschler a succédé, en 1847, à M. Bouillon, dans la fabrique de machines que celui-ci avait établie, en 1847, boulevard Saint-Maurice. Avant cette époque, il avait été employé dans les ateliers de construction de la marine à Ruelle ; et, lors de son départ, le colonel-directeur certifiait que, dix ans auparavant, M. Tritschler avait monté et mis en train les machines de l'atelier d'ajustage des fonderies de Ruelle, et que cet atelier était encore le mieux disposé et le plus complet de ceux de cette localité. Depuis, il a obtenu : en 1849, une mention honorable à l'exposition de Paris ; en 1852, une médaille d'or au concours régional de Limoges ; en 1853, une médaille d'argent au concours général d'Orléans ; en 1854, une médaille d'argent et une médaille d'or au concours régional de Guéret, une médaille d'argent au concours général de Paris, et une médaille d'argent à l'exposition de Bordeaux.

C'est que M. Tritschler ne travaille pas seulement pour l'industrie; il s'occupe beaucoup aussi de perfectionner les instruments qu'emploie l'agriculture. Son exposition présente ce double aspect et se recommande à ces deux titres aux suffrages du jury.

On a pu voir chez M. Haviland un petit manége de vingt paires de meules, marchant par *engrenage cône*. Il est un modèle, au dixième de grandeur, d'un manége qui fonctionne depuis un an et demi au moulin de La Garde, appartenant à M. Alluaud, et qui, depuis ce moment, n'a subi aucune réparation.

Autrefois l'on ne montait que des manéges circulaires; M. Tritschler est le premier qui en ait construit de longitudinaux, marchant par engrenages droits. Ce système présente l'immense avantage de coûter généralement moins cher que l'ancien, d'être d'un service beaucoup plus facile, d'user moins de force et de n'occuper que la moitié de l'espace des manéges circulaires. On peut voir au moulin que fait construire à Aixe M. Alluaud, un bel exemple de cette heureuse disposition.

On reprochait depuis longtemps aux moulins employés à broyer les matières à porcelaine, d'être construits de telle sorte que, par le frottement, les crapaudines et les pivôts en fer des arbres laissaient tomber des fragments de métal dans le kaolin. A la cuisson, ces particules s'oxidaient et produisaient dans la porcelaine des taches noirâtres fort désagréables à l'œil.

M. Tritschler envoie à l'exposition deux systèmes de son invention qui ont pour but d'obvier à cet inconvénient, et dont il croit pouvoir garantir l'efficacité.

Comme constructeur de machines·aratoires, ce fabricant présente au jury cinq modèles de charrue aux prix réduits de 30 à 60 fr. La réputation qu'ont ces instruments dans le pays nous dispense de décrire les avantages qu'ils présentent ; ceux que nous avons vu nous ont paru être très légers, quoique construits avec beaucoup de solidité. On peut les comparer avec ce qui se fait de mieux dans la fabrique de Nancy. La couteline mobile à anneau carré, ou porte-coutre, que M. Tritschler a adoptée, est d'une simplicité grande et se manœuvre facilement : elle remplace donc avec avantage la couteline américaine, qui fit tant de bruit à l'exposition de Londres.

Le *Tarare* pour la petite meunerie, le *Tarare* ordinaire des granges, sont deux instruments bien conçus et parfaitement exécutés.

Le *rigoleur tranche-gazon* et la machine à égrener le maïs ne semblent pas, à première vue, répondre au but que l'on se propose d'en tirer ; cependant, lorsqu'on les emploie, ils présentent une grande économie de temps et de force utile.

Au milieu de tous ces perfectionnements, la *ma-*

chine à classer les grains, à plans inclinés est ce qui nous a paru de plus curieux. Pour en faire comprendre la valeur, il suffit de se rappeler le mélange que présente un sac de céréales dans les conditions ordinaires; l'ivraie s'y mêle avec des grains de toute espèce et de toute qualité. La machine de M. Tritschler les classe en cinq catégories, depuis le grain pour semence jusqu'au grain avorté, et les sépare de tous les corps étrangers. Ainsi, cinq hectolitres de blé pris au hasard et versés dans la machine donneront, après une heure de travail, cinq sacs de qualité différente bien distincte. L'instrument, qui se meut par une manivelle, n'exige que la dépense de force d'un tiers d'homme.

Il est à regretter que l'on n'ait pu accorder à cet industriel la place qu'il réclamait à l'Exposition, car il n'a envoyé qu'un faible spécimen de ses machines, qui toutes présentent quelques perfectionnements particuliers.

L'établissement de M. Tritschler possède une machine à vapeur de la force de six chevaux, qui fait mouvoir dix tours et une machine à couper les bois de teinture. Trente-cinq ouvriers, en moyenne, y sont occupés pour la mécanique, et y travaillent spécialement pour les moulins à pâtes à porcelaine, aux machines pour les filatures, aux transmissions de mouvement, aux petits matériels de chemin de fer...

Les instruments d'agriculture se font dans un

atelier particulier par quinze ouvriers spéciaux, qui fabriquent aussi des balances à bascule.

Le salaire des ouvriers varie de 2 à 4 fr. par jour. Le chiffre d'affaires pour la mécanique était, en 1847, de 37,000 fr. par an ; il s'élève aujourd'hui à 102,000 fr. En 1847, la maison avait vendu pour 7,000 fr. d'instruments aratoires ; ce chiffre s'est élevé l'année dernière à 36,000 fr., et il est sorti des ateliers cent cinquante bascules et quatre cent cinquante-cinq instruments d'agriculture.

Ces chiffres dispensent de tout commentaire.

M. Laroudie est, comme il le dit lui-même, un orphelin laboureur qui a appris par goût l'état de charron ; guidé par une intelligence peu commune, doué d'un grand esprit d'observation, il a étendu insensiblement le cercle de ses opérations, et il est aujourd'hui avec M. Tritschler l'un des meilleurs fabricants d'outils aratoires que possèdent les départements du centre.

Pour établir ce fait d'une manière péremptoire, il suffit de rappeler ici les nombreuses récompenses nationales dont a été honoré M. Laroudie ; c'est ainsi qu'il a obtenu une mention honorable au concours général de Paris en 1849 ; au concours régional d'Aurillac, en 1851, une médaille d'argent, et la même année, au concours général de Versailles, une médaille de bronze ; une médaille d'argent, en 1852, au concours régional de Limoges ; au concours général d'Orléans, en 1853, une médaille d'argent, et au concours régional de Guéret, en 1854, une médaille d'or premier prix.

Enfin, au moment où nous écrivons, le concours régional de Clermont décerne à notre compatriote un rappel de médaille d'or, une médaille d'argent et une médaille de bronze.

Certes, ce sont là des titres qui parlent plus éloquemment que nous ne pourrions le faire nous-même.

De toutes les parties de l'Exposition de M. Laroudie, les charrues sont ce qui nous a le plus vivement intéressé. En effet, la charrue limousine est encore telle que Virgile l'a décrite dans le premier chant de ses *Géorgiques*; une flèche en bois de 3 mètres de long porte, enchâssés à l'une de ses extrémités, un *cep* armé d'un *soc*; une *oreille* destinée à déverser les terres à coté du sillon; une *règle*, barre de fer pointue et aiguisée des deux bouts, qui est placée horizontalement sur la longueur du cep et qui règle la profondeur du labour; enfin un *coutre*, qui coupe la terre, tandis que la règle l'ouvre et l'oreille la verse.

Cet instrument, attaché par sa flèche au joug des bœufs ou des vaches employés au labour, a divers inconvénients graves. Le soc n'a pas assez de largeur et ne peut suffisamment diviser la terre; les oreilles ne sont pas assez élevées et ne peuvent empêcher la terre, divisée par le soc, de retomber dans les sillons. Enfin, la flèche, par sa rigidité, ne permet pas au laboureur de faire tourner facilement son attelage lorsqu'il est arrivé à l'extrémité de son champ.

Par des charrues de sa création, par des modifications apportées à celle de Dombasle, M. Laroudie est arrivé, comme M. Tritschler, à vaincre toutes ces difficultés, et les propriétaires apprécient davantage chaque année ses efforts. Malheureusement, l'entêtement du paysan limousin est tel, il est si fortement aveuglé par la routine, qu'il faut souvent lui faire violence pour qu'il accepte ces créations modernes.

M. Laroudie expose encore une charrue-rigoleur qui peut servir à la fois à l'irrigation des prairies et à la culture des terres; un char agricole disposé de telle sorte, qu'il peut servir à cinq usages différents; enfin une collection complète d'instruments de drainage.

Espérons que le jury lui tiendra compte de la bonne confection, de la solidité et du bas prix de ces outils, et qu'une nouvelle récompense viendra s'ajouter à celles qu'il a déjà obtenues.

LES PORTRAITS AU DAGUERRÉOTYPE.

Nous ne croyons pas pouvoir mieux terminer ce compte-rendu qu'en reproduisant la lettre suivante insérée dernièrement dans *le 20 Décembre*, l'auteur a rendu, mieux que nous ne l'aurions fait, notre propre pensée :

« Monsieur le Rédacteur,

» Votre journal a, dans une série d'articles, rendu justice à la richesse et à la variété des produits qui représenteront à l'Exposition universelle l'industrie de notre pays. En offrant aux exposants une gracieuse hospitalité, M. Haviland a permis au public de juger du mérite des œuvres et de ratifier pleinement les appréciations de votre collaborateur.

» Vous vous souvenez, Monsieur le Rédacteur, de vous être arrêté devant de charmants portraits exposés par MM. Fournier et Gardel, et que les plus splendides porcelaines ne faisaient point pâlir. Beaucoup de visiteurs se demandaient par quel procédé ces artistes avaient pu obtenir des miniatures si riches de coloris, et pourtant si vraies de physionomie. On se disait avec raison que la peinture ne comportait pas une ressemblance aussi prodigieuse ; que, d'autre part, le daguerréotype excluait cette vérité de tons et cet éclat de couleurs.... Permettez-moi de répondre à cette interrogation du public.

» Les portraits de MM. Fournier et Gardel sont à la fois une photographie et une peinture. Comment ces artistes peuvent faire d'une empreinte froide et sombre une véritable œuvre d'art, c'est un secret qu'il ne nous appartient pas de dévoiler. Mais, sans indis-

crétion, nous pouvons dire que M. Fournier, après
de longues et intelligentes recherches, a poussé l'art
de la photographie aux dernières limites de la perfection. Les teintures dures et tranchées du daguerréotype se sont adoucies et fondues, les objets les
plus minutieux ont été rendus avec leurs détails les
plus délicats. Ce n'est plus sur une plaque métalli-
que aux reflets changeants que se fixe l'image, mais
sur le carton ou même sur la toile. Dès lors, on n'est
plus réduit à chercher longtemps le jour nécessaire
pour faire ressortir le portrait recueilli. L'épreuve
photographique est une gravure parfaite. Elle est au
daguerréotype ancien, ce qu'est la lumière électrique
au réverbère fumeux.

» Sur l'empreinte daguerrienne, M. Gardel répand
les touches délicates de son pinceau. Il est inutile de
faire ici l'éloge d'un artiste dont le talent est si uni-
versellement apprécié parmi nous. Grâce à lui, le
visage, contracté légèrement pendant la confection de
l'épreuve photographique, reprend son expression
grave ou souriante ; les yeux s'animent et retrouvent leur vrai regard ; les étoffes brillent de toutes
leurs nuances et retombent en plis ondoyants. La
ressemblance du daguerréotype, loin de disparaître,
est en quelque sorte complétée par le pinceau.

» Tous les visiteurs de M. Haviland ont pu remarquer la diversité des physionomies des portraits
exposés chez lui. En voyant ce jeune enfant à l'air
légèrement boudeur, si vrai dans l'expression de son

visage et de son maintien, toutes les mères n'ont-
elles pas désiré un pareil portrait de leur fils? Les
jeunes filles et les jeunes femmes qui hésitaient à con-
fier au daguerréotype la reproduction de leur délicate
beauté, ont dû se convaincre que le pinceau de
M. Gardel savait rendre les traits les plus fins et la
fraîcheur de leurs visages. Les hommes ont admiré
le naturel des physionomies et des poses qui donnait
à leurs portraits la perfection de la ressemblance.

» L'idée de colorier les épreuves photographiques
n'est pas nouvelle. On avait jusqu'à ce jour tenté de
les peindre à la gouache ; mais la couleur était terne
et sans durée. Bientôt l'image pâlissait sous l'action
de l'air, et les teintes les plus vives s'effaçaient par
degré. MM. Gardel et Fournier, et là est leur originalité, ont remplacé la gouache par la peinture à
l'huile. Dès lors, les épreuves photographiques par-
ticipent de la durée de la couleur ainsi fixée. Elles
sont inaltérables à l'air comme un tableau sur toile,
et peuvent se transmettre dans les familles sans qu'on
ait à craindre de voir une image chérie pâlir et disparaître.

» Nous ne doutons pas que MM. Fournier et Gardel
n'obtiennent à l'Exposition universelle la récompense bien méritée de leurs travaux. Nous avons
appris de source certaine que le palais de l'Industrie
ne renfermerait pas de miniatures photographiques
capables de lutter avec celles qu'ils ont exposées.
Mais ces artistes vont nous quitter bientôt pour aller

appliquer leurs procédés sur un plus grand théâtre. Il eût été injuste de ne pas leur payer, avant leur départ, en face de leurs concitoyens, le tribut d'éloges qui leur est dû, et je vous remercie d'avance, Monsieur le rédacteur, de vouloir bien insérer une lettre qui n'a d'autre mérite que celui de la vérité.

» Agréez, etc.

» O. Péconnet. »

TABLE DES MATIÈRES.

Limoges imp. Ardillier fils, rue du Consulat, 19.

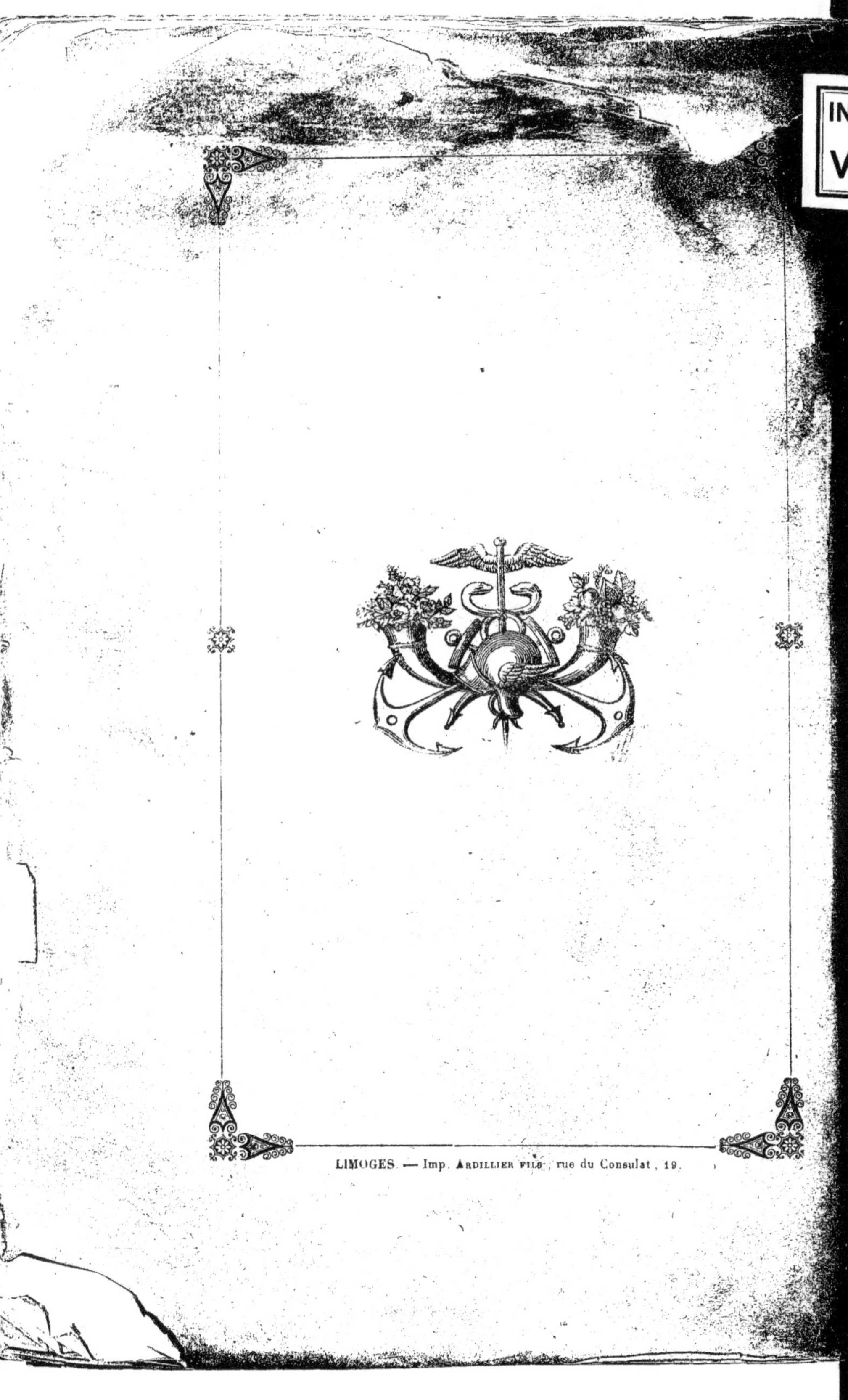

LIMOGES. — Imp. Ardillier fils, rue du Consulat, 19.

www.ingramcontent.com/pod-product-compliance
Lightning Source LLC
LaVergne TN
LVHW051050200726
843508LV00001B/369